特奥·福斯特
Theo Vorster

南非商界大佬们的生意经

MIND YOUR BUSINESS:
ADVICE FROM SOUTH AFRICA'S
TOP BUSINESS LEADERS

何曙荣、王华璐、张瑾 等译

上海社会科学院出版社
SHANGHAI ACADEMY OF SOCIAL SCIENCES PRESS

Mind Your Business

——Advice from South Africa's top business leaders

Published in 2013 by

Jonathan Ball Publishers

作者说明：

书中所涉各公司的资料反映的是节目播出时公司的状况，从访谈中获得。

图书简介

本书根据 kykNet 收视率极高的商界成功人物访谈节目的内容整理而成。作者收集整理了 38 位南非商界大佬的访谈，介绍了他们丰富多彩的商界打拼经历，包括经商过程中的挫折、困惑，攻坚克难的战略、举措，并请每位受访人士总结了成功经验，对未来的企业家提出建议。

这些受访者来自不同的行业，功成名就，很多是跨国公司的老总，有些在中国有很多投资项目。他们的成就和经验无论是对学者治学，还是对商界人士走进非洲，尤其是到南非经商兴业具有积极的参考价值。

该书内容涉及诸多行业，信息量大，富有时代气息，是了解南非近几十年企业界发展的鲜活百科全书。

作者简介

特奥·福斯特，著名的经济评论员，南非著名金融服务机构伽利略资金的创始人之一，曾任非洲顶尖的跨国粮食公司 AFDRI 的非执行董事，是 kykNet 商界成功人物访谈节目的主持。

译者简介

何曙荣，现任浙江师范大学中非国际商学院副院长，长期从事对非工作。近年参与翻译的主要译著有《人类文明史》、《非洲高等教育：国际参考手册》、《被压迫者教育学》、《津巴布韦史》、《非洲的大学：稳定与复兴的策略》、《大学的理想》(节本)等。

献给

我的父母特奥和玛丽·福斯特

我的妻子安内克

我的女儿米娅

中文版前言

　　能采访这么多的商界大佬，我深感幸运。这些大佬在自己的商业领域功成名就，他们建立的企业在南非、非洲乃至世界舞台上竞逐。访谈的目的是让这些大佬们有机会用自己的话把自己的成功故事说出来，引导读者走上成功之路，同时，也让读者对南非的企业以及商界大佬们有更清晰的认识，并以此作为了解非洲其他国家商界情况的基础。

　　本书访谈的商界人士有企业家，有掌舵大型公司的职业经理人。我不会强调某个特定的行业或部门，而是关注不同企业成功故事背后的人物和原则。

　　我惊奇于这些扬名立万的大佬们乐意与愿意聆听、学习的人士分享其成功故事；我也惊讶于这样一个事实：他们是普普通通、平平凡凡的人，靠坚守一套原则并用这些原则在他们的职业生涯中取得了超乎寻常的成功。

　　我经常问自己，这些真正成功的商业领袖与其他商务人士有什么不同？通过这些采访，我认为不同之处可以归结到一些普遍通用的原则上，我想强调其中两点，这是最重要的同时也可能是最容易被忽视的。

　　第一，成功人士欣然接受改变，视变革为机遇。我们很容易把变革看作威胁或障碍——但成功人士坦然置身不断变化的世界。第二，领袖们对他们自己、对他们企业的未来有愿景。这两种愿景相辅相成，是任何决策的基础，构成了战略规划的主框架。我认为，大多数人没有花足够的时间去关注如何清晰定义他们企业的愿景，更为重要的是，他们连自己的愿景也没有。

　　通过成功人士亲自讲述其真实的事迹，我想用事实证明：每一个企业家或商业经理人都可以获得成功，年龄、就读的学校、所选择的行业等并不是决定成功的因素；起决定作用的是一些普遍通用的成功原则，以及如何在自己所选择的商业领域里运用这些原则。

　　我们处在一个美好的时代。对于这个星球上的大多数人来说，最重要的原则是为他们的孩子创造更好的生活，为此这个星球上的人们要交流沟通，要经商往来，通过连通产生奇迹。我们低估了如今这些基本行为以及技术变革给企业家和职业经理人带来的机遇，那些能适应外部世界不断变化的企业会比以前更容易取得成功。随着生活更美好、连通更顺畅的原则在南非以及非洲大陆不断深入人心，我相信21世纪是非洲的世纪。

本书中的商界大佬都是在南非起步，开始其商业生涯，并将其业务拓展到非洲，有些甚至加入国际竞争。通过书中各种领域及不同行业的创业故事，读者可以透视南非商业生态的构造，了解不同行业领域里的主流企业，并通过它们引领读者进入南非，进入非洲大陆的其它地区。从经济增长的角度来看，我认为非洲大陆与20世纪80年代初的中国类似，非洲也将开始长期可持续的发展。

通过分享这些真实的成功故事，我希望自己可以帮助读者实现各自的目标，取得我们都可以获得的成功。

享受奋斗的历程，接受变革的现实吧，因为变革创造机遇！

特奥·福斯特

2016年9月20日

前　言

对领导力的需求是当今社会所面临的严峻挑战之一。那优秀的领导力又是如何定义的呢？领导力有蓝本吗？国际上那些领导力准则是否适用于非洲？或者更具体地说是否适用于南非？

国际上关于领导力以及成功之路的图书，从唐·米格尔·路易兹（Don Miguel Ruiz）的《四条人生规律》（*The Four Agreements*）到约翰·麦克斯韦尔（John Maxwell）的《开发你内在的领导力》（*Developing the Leader Within You*）和史蒂芬·柯维（Stephen Covey）的《高效人士的七个习惯》（*The 7 Habits of Highly Effective People*），简直不胜枚举。然而，在国内这个话题还未被妥善研究，尤其是我们自己成功的商界大佬及其独特成就还未引起公众注意。

我们很荣幸自己的国家有一些最成功的商业领袖。他们经营商业，向我们展示他们如何设法在一个有着如此多独特挑战的国家取得成功。这些神通广大的人值得效仿，他们的成功故事直接适用于每个想在南非创造未来的人。

特奥·福斯特（Theo Vorster）和"成功职场"（Sakegesprek）节目将这些重要内容搬上了kykNET① 电视频道1。与本土商业领袖的一期期对话把我们带入一个个崭新的世界，让我们感同身受，产生共鸣。我相信很多读者和观众会把这些方法用于自己的创业实践，从而使事业更上台阶，创造更多的工作机会。某种意义上说，商业领袖比政治领袖重要。因为一个是把面包放在桌子上，而另一个是在官僚主义和无休止的争论中不能自拔。我为我们的国家产生了这么多优秀企业家和商业领袖感到自豪。把他们的故事记录下来是种荣幸，我们可以从中总结经验，汲取知识。

凯伦·迈琳（Karen Meiring）

数字卫星电视阿非利加语频道总监

---

① 　kykNET是非洲最有影响力的收费电视M_NET的下属频道。——译者注

引　言

　　个人故事一直是最好的老师。我们从故事的人物中分享其真实的生活经历，了解他们攻坚克难获取成功的正确举措。电视节目"'成功职场'遇到特奥·福斯特"背后的想法是采访成功的南非商人，请他们讲述自己的个人职业生涯故事。

　　重要的是，受访的企业领导人的来源面要广，涵盖从企业家到专业商务经理，从数十亿兰特资金的大企业到规模不大的小公司，从主宰市场的成熟企业集团到处于成长期的企业。节目嘉宾中有从业多年功成名就的商业领袖，也有崭露头角小有名气的年轻新秀——有从事学术研究的资深人士，也可能有曾与你一起求学的成功奇才。

　　节目的理念是以榜样人物鼓舞人心的价值为前提。在当今世界，我们会很快将名人变成榜样，而且通常不在其专长的领域。但是要想让橄榄球运动中擅长带球触地得6分或踢球得分的人成为其他领域的榜样，或者在跟人谈企业发展、谈职业生涯事业时将其拿来做榜样，这样做有点荒谬，也不公平。

　　我们大多数人一生中的主要部分花在工作或经商上。如果你想在你的职业生涯或你自己的生意上取得成功，宁愿听取在该特定领域专家的意见，而不要去听体育场上得分的家伙。2010年1月，我在兰德堡（Randburg）的kykNET频道办公室里将这个想法说给凯伦·迈琳和玛利坦·斯旺波尔（Marida Swanepoel）听。该电视频道立刻同意播放这档节目，并任命玛利坦为监制人。

　　德克·莫斯特（Dirk Mostert）证明了让他当制片人是个绝佳选择：除了经验之外，他资历老到，可以与这些商业领袖进行充分交流（换句话说，他指挥我们的嘉宾坐哪里，怎么坐，怎么说话，眼睛看哪里）。德克和他的同事鲁迪·奥斯龙（Rudi Ahlstrom）总是对临时改变的计划、方案和内容有所准备。这档节目在那些想要改变我们的理念或强迫我做违心之事的人手中是不可能完成的。

　　然而，一旦我获得批准，迫在眉睫的问题便是我能否说服合适的人来这个全新的、未经考验的电视节目做嘉宾。我联系他们，他们会如何回应？周五下午，我开始邀请首批意向嘉宾，我给5位杰出的商业领袖发了电子邮件，祈求好运，但立即陷入苦恼——如果在周一下午之前没人答复，我该怎么办？我应该在什么阶段设计备选计划（甚至计划3、计划4），而这些计划应该如何设计？从务实的角度来看，根据议定日程安排，我们得在接下来的两到三周内拍摄第一集访谈。

周一下午晚些时候，我检查电子邮件时吓了一跳。所有5个人都回了邮件，并且所有人都答应接受采访！顺便说一下，在三期节目中几乎每个受邀者都同意参加这个节目。

我的第一位嘉宾是劳里·迪朋纳（Laurie Dippenaar），第一兰特集团联合创始人及现任非执行主席。劳里想先跟我聊一聊这个节目，了解我推出这档节目要达到什么目的，所以他在我们开拍正式采访的前一天邀请我共进午餐。

劳里也让我事先发给他一份提问的话题梗概，我照办了。我们坐下来吃午饭时，我急于想听听他对我的电子邮件的看法，看看他对话题梗概的反馈意见。

我们花了大概五分钟讨论节目，接下来的两个小时畅聊橄榄球、南非政治、全球经济和其他一些话题。他跟我说话时就好像我是他长久交往的知己。这次谈话是我首次采访的前奏，现在我明白了为什么劳里被认为是商界里无可非议的人物。

通过这顿午餐学到了一个有用的小窍门，就是我应该事先告知这些商界大佬们我想问什么问题，以便让他们有时间好好思考一下该怎么回答这些问题的核心内容。就像劳里所说，他不喜欢在采访之后在开车回家的半路上想起刚才的问题最合适的答案该是什么。我设法一直用这一原则，并且发现，如果嘉宾们相信你准备工作充分，他也会很放松，有备而来。

"成功职场"节目的前三季有对本周最重要商业新闻的讨论。来自《商务24》①商报（Sake24）报社的记者——一开始是请尼克尔克（Ryk van Niekerk）做一季嘉宾，之后莉娅娜·德兰格（Riana de Lange）参加第二季和第三季，他们的讨论增加了这部分节目的知识的深度和质量。我一直对这些资深记者的专业知识和全面准备印象深刻。

第一季非常成功。"成功职场"一直是KykNET每周排名前20的节目，后续两季也是如此。对我而言其更大的价值在于它是排行榜上为数不多的在晚上9点后播出的节目，也是为数不多的根本不被当作轻娱乐的节目。

---

① 南非第二大商业出版物，每周用阿非利加语出版五期。——译者注

在第一季里,我们对路易斯·冯·措伊纳(Louis von Zeuner)进行了一次圆满的采访,那时他还是南非联合银行的副总裁。路易是第一个,也是唯一一个我去接洽后两季节目赞助的人。他直白地告诉我们,南非联合银行想参与节目。我真的要感谢路易斯,还有后来的威利·拉特甘(Willie Lategan)和伊扎克·斯密特(Izak Smit)对我们节目的支持。这让我再次认识到企业和商业决策最终取决于掌舵之人。

这本书三十八章中的每一章都有一个对某个人特定采访的总结。通过这部分总结,想突出每位成功商业领袖的独特成功之路,并从他们的经历中得出经验教训。这38人的清单绝不是明星企业家们的全部。我可以很容易地做上十季节目。南非不乏成功的企业家,他们有着鼓舞人心的个人成功故事——我希望在接下来的系列节目中能采访更多的人。

在最后一章,我简要地强调了这三季节目中一些让我印象深刻的核心要点。这些故事包含每位嘉宾的独特经历,但也有反复出现的共性内容。从这些共性内容中,我提炼出"七个成功的黄金法则"。在我看来,这些法则概括了这38位商界大佬从商经历中最重要的经验教训。

目　录
CONTENTS

1

◀ 第一章 劳里·迪朋纳 ▶

第一兰特集团联合创始人、非执行主席
访谈于 2011 年 7 月 5 日播出

成为注册会计师并在南非工业发展公司（IDC）工作 3 年以后，劳里·迪朋纳（Laurie Dippenaar）与保罗·哈里斯（Paul Harris）、GT. 费雷拉（GT Ferreira）在 1977 年共同创立了兰特联合投资（Rand Consolidated Investments）。多年来，通过战略收购，如兼并兰特商业银行（Rand Merchant Bank），收购动力保险公司（Momentum）、南方生活保险公司（Southern Life）、第一国家银行（First National Bank）以及创办奥特保险公司（OUTsurance）、探索保险公司（Discovery）等新业务，这 3 人已经建立了南非最成功的金融服务集团之一。现在，第一个兰特集团（the FirstRand Group）的市值超过了 1 600 亿兰特，拥有 45 000 名员工，管理资产超 10 000 亿兰特。

在采访中，劳里对各种问题和话题应对自如，面对镜头显得轻松自如，表现很抢眼。另一个显著特征是他回答任何话题的方法很理性：首先，设定答案的背景；然后，突出要点；最后，以一个合乎逻辑的结论收尾——好像不可能有其他的回答方式。

看到自己已有的成功，人们很容易忘记这一切是如何开始、从什么地方开始的。我想知道他们在银行有钱之前，最初的情况是什么样子的。劳里谈起第一兰特银行的前身——1977年建立的兰特联合投资公司毫不避讳。保罗·哈里斯、GT.费雷拉和劳里用10 000兰特创办了公司，这笔钱相当于现在的70 000兰特。他说："我们有几个很好的产品创意，产生了预期效果，但我们3人9个月没领工资。原因很简单，因为钱根本不够用。人们常常问我，那时是否想过我们会有今天这种成就？绝对没有！我们只顾生存，尽一切可能节约成本。"

劳里说，那时他们的公司"太小，也太穷，连台复印机也买不起"。他们的办公室正好在一家复印商店的楼上；每当要复印什么东西时，"你要坐电梯到一楼，进入店内，复印完后，又得回到楼上。几个月后，费雷拉告诉我这样不行，我们得自己买台复印机"。劳里解释说他管财务，没钱买这样贵的设备。费雷拉愿意自掏腰包——只要按照楼下复印店相同的价格向他付费即可。劳里说他算了一下，发现费雷拉3个月内就能赚回买复印机的钱。"于是我就说，不行，我们还是自己来买吧。"

回顾集团的发展，会发现有几个里程碑式的成就非常突出。事后看来，这些步骤是符合逻辑的，然而每一个决定都是在当时特定时期作出的。第一个里程碑是他们在1984年获得银行执照。我问为什么获取执照如此重要，劳里解释说："我们1977年创办公司，那时我们已做得相当大，但实际上我们并不受任何特定的法律管辖。"他们认为这会影响组织的可信度，他们"必须受某种形式的具体法律管辖——证券交易法、人寿保险法、银行法或者其他法律。就在那时，我们断定我们可以运用的最好法律和媒介是银行法"。然后，正如他所说，"我们交上了好运"。

大约与他们在1977年创办兰特联合投资公司同时，约翰·鲁珀特（Johann Rupert）从兰特银行（Rand Bank）收购了一个"破产银行"，即兰特商业银行。"1983年，他的父亲把他叫回去，让他回让慕果投资控股集团（Remgro）。于是他着手物色接替人选。这个接班人要有能力接管银行，要让他信任，并且在他看来会善待员工。"由于保罗和费雷拉都是约翰的大学校友，于是约翰就选择了他们这个团队。"那真是非常侥幸，"罗里说，"因为我们之前申办过银行执照，但没成功。现在机会送上门来了。"

我想弄明白的第二大里程碑是1992年收购动力保险公司以及这一事件对集团

的贡献。我又收到一个非常合乎逻辑的答案:"你知道,商业银行的收入很不稳定,于是我们决定另辟蹊径寻找更稳定的收入来源,也就是所谓的年金收入。"劳里说,他们认定保险行业是一种合适的投资类型,会给他们带来不菲的收入,于是"幸运"再次降临。当时动力公司的股东决定出售公司,"他们找上门要我们帮助寻找买家。我们告诉他们,等一下,我们举手啦,我们要买。当然这是一笔非常划算的投资"。

20世纪90年代末,他们又从英美资源集团(Anglo American)收购了南方生活和第一国家银行。这第三个里程碑再次改变了组织的性质,听起来又像是合乎逻辑的一步。劳里说,1996年"新南非成立后",该集团已经发现外资银行的进入将对兰特商业银行构成威胁。因为他们知道外资银行带来的竞争是不可避免的,而这些银行将主要争夺大企业客户,于是他们决定推出散户银行战略。作为第一步,他们收购了纳塔尔建筑协会(NBS)20%的股权,"但是,当我们想要50%的股权时,他们拒绝了。他们不喜欢这些约翰内斯堡人,因为他们是德班的公司。所以他们落入克里斯托·威斯的博兰银行(Christo Wiese's Boland Bank)之手。当然,这不可能很顺畅,因为文化差异太大了。有趣的是,多年后我们获得了纳塔尔建筑协会的抵押贷款书。局面反转了"。

在获取纳塔尔建筑协会控股权的尝试失败后,1998年劳里和他的同事们决定购买"南方生活"的保险业务,"这事有点费心"。英美资源集团准备出售"南方生活"给他们,但前提是他们得一起买下第一国家银行。"幸运的是,我们并没有想太久,"罗里说,"因为我们已经了解了双方散户业务方面的差距和策略"。不过他承认交易的规模"让我们有点恐慌"。在当时这是笔大买卖,即便在全球也是,"我们的员工一下子从6 000人增加到30 000人。但不管怎样,这一总体战略的所有部分都是为了收入的多元化"。

回想起来,这3个里程碑都是显而易见的。值得注意的是,每次交易背后都有一个贯穿始终的战略。其特征是他们首先决定策略,然后不停地寻找合适的业务,而不是反其道而行之。劳里夸大了"运气"成分,但选择战略然后达成与战略相吻合的交易,更多靠战略本身而非运气。

始终贯穿于集团,贯穿于劳里经营理念的黄金思路是创新和提倡创新思想。我问劳里为什么很多公司只是说说而已的事情第一兰特银行却成功做到了?他的回答很明确,创新在企业内部并不会自发产生。在劳里看来,它需要变成"公司传承文化'基因'的一部分"。"要实现这一目标,高层必须给出正确的信号和指示"。为了说明他的观点,他提到他们在收购动力公司后采取了一些"干预措施",力图改变"有点像公务员制度"的等级森严的公司文化,创造较为轻松的环境,让创新蔚然成风。他们开辟了一面涂鸦墙,员工有任何诉求都可以写到墙上;采纳了着装准则(废除了上班戴领带之类的规定);引入先到先停的泊车规则,取代原先刻板的按照员工等级划分停车位的做法。

劳里解释道,第一国民银行有"正式干预措施,旨在鼓励和奖励创新"。如每年组织全银行的竞赛,比拼员工提出的创新想法;经过综合评判,提出最佳创意的个人或团队可以赢得价值100万到300万兰特不等的奖品。"总的来说:这是顶层设计与正式干预相结合的氛围,两者都非常重要。"他认为,在他们这样的公司,鼓励创新,员工"有权质疑和挑战最高管理层的想法、政策和策略,有权在公司内部大张旗鼓展开辩论,但是领导要允许职位更低的下级员工挑战自己的战略,他们自己必须很成熟才行"。他就此补充了一点,就是"辩论应该就事论事。换句话说,不带任何偏见或成见,辩论中只用商业规则"。

与劳里·迪朋纳的对话让你意识到,你是在和一个商业巨头聊天。之后,你看录像的时候,你会发现,实际上他才是从头到尾控制采访节奏的人;他确切知道他想要传达什么信息,而且整个过程中他让你这个采访者轻松自如。劳里说,成熟的领导允许员工质疑自己——显然他会允许员工这样做,并且享受辩论的乐趣,这是肯定的——但不要误以为你只要在辩论中露露脸就够了,你必须熟悉自己的业务!

投资决策原则

- 复合增长率——投资与时间和复利原则有关。"懂复利的人,赚大钱;不懂复利的人,亏大本。"

- 投资是长期行为——"我对持短期投资观点的人感到惊讶:通常他们不谈投资,而是谈小道消息——某某股票翻倍啦,然而这种情况是极其罕见的。"

- 坚持你可以信任的品牌——人们在物色新车时,坚持选知名品牌。然而,在选择投资时,他们倾向于信任任何品牌。

- 责任——"我不相信集体责任这个概念。它在政治上很受欢迎……签支票时宁可让两个有责任感的人来签,而不是有10个人来签字,因为第二个或第三个之后,后面的人签字只是看着前面的人依样画葫芦。"

- 实干与空谈——探索保险公司1992年成立时的资金为1 000万兰特,而如今它在证券交易所的市值为230亿兰特,其秘诀是聘任实干家而不是空谈者。站在身后不断地问:"你在干什么?你为什么还没干完?"这不是我的风格。所以,我的观点很简单:给人实现自己想法的机会,然后让他们自己去干,但你要选对人。这人应该是位实干者,而不是夸夸其谈的人。

◀ 第二章　罗素·劳博瑟 ▶

约翰内斯堡证券交易所前总裁
访谈于2011年7月12日播出

罗素·劳博瑟（Russell Loubser）结束比勒陀利亚大学的学习，并在兰特商业银行金融市场执行董事的位置上功成身退后，在1997年加入约翰内斯堡证券交易所，担任总裁。在之后的15年里，他大力改造约堡证券交易所，使之现代化。2010年，该所被世界经济论坛列为全球管理最规范、运营最佳的证券交易所。2011年年底，罗素辞去约堡证券交易所有限公司的总裁一职——该公司负责经营南非约翰内斯堡证券交易所。目前，他在多个董事会担任职务。他仍然是南非最受尊敬的商界领袖之一。他会毫不犹豫地表达自己关于经济和商业问题的意见。

1997年，罗素被任命为约翰内斯堡证券交易所总裁时，我也在金融市场打拼。置身事外的人无法真正理解罗素要忍受的充满敌意的激烈批评。旧的约翰内斯堡证券交易所是既得利益者的封闭俱乐部。突然来了个局外人，带来了彻底改革这个排外俱乐部的计划。

作为变革的推动者，他是如何体味这些阻力的？罗素承认，虽然最初的一些批评往往很有效，但许多情况下却失之偏颇。他说"他们只是习惯了约翰内斯堡证券交易所名声不好、经营不善的事实"。刚开始的三四年很困难，"可能是我一生中最困难的时期"。幸运的是他有良好的金融市场从业背景，而且他和他团队的目标到底有什么错误，并没有人真正可以给他一个满意的解释。他说："事实上我知道我想做的是正确的。也许这听起来很愚蠢，或者只是固执，但我知道我要做成什么。我知道最终会有什么成果。"

为了理解罗素的成就以及他带来的全面变革，我们应将1997年和2011年年底的约翰内斯堡证券交易所作一番比较。1997年，约翰内斯堡证券交易所没有资本储备；2011年，它有10多亿兰特的储备，并可以保证所有交易；1997年，只有不到一半的交易能得到有效处理；2011年，交易有效处理率达到99.99%；2010年，约翰内斯堡证券交易所锦上添花：它被世界经济论坛评为全球管理最规范、运营最佳的证券交易所。

在20世纪90年代，约翰内斯堡证券交易所开通了企业会员业务，以便金融机构可以成为会员并在经纪公司获得股份；引进电子结算系统取代之前的人工结算；电子交易取代了传统的交易大厅；金融工具扩大到包括各种金融衍生工具和产品。在罗素的领导下，这个没有储备、交易结算历史糟糕的俱乐部改头换面，有了资本准备金，获得了全球管理最规范证券交易所的荣誉。经营约翰内斯堡证券交易所的约翰内斯堡证券交易所有限公司，本身就是在约翰内斯堡证券交易所上市，并被视为热门蓝筹股票。

引领一个在非洲南端的交易所成为世界级的优秀交易所，我想从罗素那里知道他是怎样做到的。他谦虚地回答道："我身边有一个非常优秀的团队，你组建的团队极为重要。你要知道你会犯错误，我也犯过错误。"在他看来，他的优势就是他在进入金融市场之前已有相关经验。罗素提到马尔科姆·格拉德威尔（Malcolm Gladwell）在他的《异类》（Outliers）一书里谈到的"10 000小时"理论。"如果你想成为一个优秀的外科医生、一个杰出的计算机专家或者其他出色人物，你必须得投入10 000小时。"他认为自己的成功归功于他的团队有合适的人，而且他的目的不受质疑——"你要做就做世界一流，而不是非洲一流，因为非洲一流还不够好"。

这个故事最引人注目的是罗素为约翰内斯堡证券交易所制定的目标。他不仅仅是要把约翰内斯堡证券交易所打造成型,他的愿景更为远大。"如果你在非洲,"他说,"毫无疑问你必须比其他交易所做得更好。事实就是这样,因为人们认为你会差下去。"他解释说,如果你不能无可挑剔地处理每一笔交易,"世人会认为你很有风险",于是投资者不会通过你进行贸易。他们可以从许多其他地方买到股票。他们也就不会来南非。罗素说,他们从一开始就告诉自己,"为了彻底改变和提升这个国家的金融市场,我们要把约翰内斯堡证券交易所改变成世界级的交易所"。 在美国、欧洲和东方的大多数国家,"现在的市场已经相当不错或非常完善,已无须再做改变"。而另一方面,在南非,有改变和提升的可能性。罗素说,他认为自己很幸运,有机会从根本上改变一个运行不良的市场。

在最近的一份年度报告中,他说一个人应该享受工作,我想知道他为什么这么说,有什么含义。他的回答集中在他妻子的角色上,是他的妻子使他有可能享受工作。她承担了养育孩子的责任,让他在工作中实现自我。他相信自己之所以"一直对金融市场、对约翰内斯堡证券交易所、对生活充满激情",是因为妻子创造了安心的条件,让他能够努力工作,并从工作中、从妻子的陪伴以及家庭中获得快乐。

采访结束后,罗素的妻子阿尔玛(Alma)打电话问我节目什么时候播出,这让我倍感荣幸。在罗素掌舵约翰内斯堡证券交易所的15年里,他接受了大量的采访——但这是他唯一一次请阿尔玛观看的访谈。

给我留下深刻印象的是罗素的决定,约翰内斯堡证券交易所必须是世界上最好的,差一点也不行。这就是罗素,他绝不愿屈居第二。

给年轻人的建议

- 获取学历,因为这是你良好的起点,是你一直拥有的东西——没人能拿走。
- 准备从底层做起,努力工作("10 000 小时"理论),获取必要的经验。
- 如果你已取得成功,就该认为是成功的,"而不是因为有人说你是白人、黑人或者女性才应得的"。

商业中错误的角色

- 要知道你是会犯错误的。"你只有通过犯错才能学会。如果你至今没有犯过任何错误,你会认为你是最好的;但你需要犯些错误,就像高尔夫球手。之后,你要从头再来,从经验中学习,因为将来肯定还会再次犯错。"
- 错误的判断——当你年岁渐增资历见长时,不该再有这么多错误或者糟糕的决策。
- "诚实的错误"可以原谅,但涉及不诚信的"狡诈的错误"无法宽恕。

◄ 第三章　布朗德·比勒陀利乌斯 ►

曾就职于丰田公司和麦卡锡汽车零售集团，现任多家公司董事
访谈于 2011 年 7 月 19 日播出

布朗德·比勒陀利乌斯（Brand Pretorius）很小就着迷汽车制造业，他在奥兰治自由邦大学（the University of the Orange Free State）读商务硕士时，毕业论文就是写关于汽车制造业。1973 年，他加入了南非丰田公司，那时的丰田在市场中还是个小角色，在南非仅占 7% 的乘用车市场份额。离开公司的时候，丰田已经成为南非汽车行业的市场领导者。1995 年，布朗德加盟麦卡锡公司（McCarthy），在拯救集团免于破产以及保留数以千计的就业机会上他发挥了关键作用。如今，布朗德集中精力指导年轻的商界领袖，并在好几家南非一流公司担任非执行董事。

布朗德在南非丰田公司的职业生涯始于1973年，当时艾伯特·韦塞尔斯博士（Albert Vessels）是公司的董事长。丰田当时拥有的市场份额很小，在当地汽车市场中无足轻重。此外，在那个年代任何来自日本的产品都会被视为廉价、不可靠。我们的谈话就从他刚进入韦塞尔斯执掌丰田的那几年开始。

布朗德对韦塞尔斯的赞赏是显而易见的。"在像艾伯特·韦塞尔斯博士这样有远见的领导手下工作时，我近水楼台先得月，可以向他学习。他启发了我，因此，他很自然地在我的职业生涯和生活中发挥了巨大作用。我想起了建立丰田品牌的兴奋，想起了制定和实施整合营销计划的激动。"布朗德细述了那激动人心的岁月，他们看到丰田的发展并最终成为市场领导者。取得这些成功之后，他们开始讨论可持续发展，"将重点更多地转移到客户满意度上"。回顾他们在丰田所做的一切，"当然还有从这个优秀团队中得到的灵感"，他将那段经历总结为"一切运转正常的时期"（"一切运转正常"也是那时丰田的口号）。

布朗德在丰田呆了22年。但是，在有一年12月的一个假期，他决定写一份正式文件，念给自己听，他称之为"改变的案例"。任何人在布朗德的公司待上些时间都会被他认真细致的精神所震惊；一切都有理性分析，细到极致。这也是他思考未来时所采取的方法，他权衡了跳槽到麦卡锡汽车零售集团的利弊。以正式文件的形式给自己做个演讲听起来怪怪的，但是他解释说这与丰田的逻辑相一致。"我告诉自己，要记住我有幸在丰田工作期间的所有欢乐和成功。22年之后，我要拓宽视野，学习一些新东西。"他一直对汽车零售业感兴趣，除此之外，还有"个人原因"。他想让生活更均衡，有更多时间来陪家人。因此，麦卡锡公司的机会吸引了布朗德，"因为我相信我会学到一些新东西，会体验到职业生涯的重生，同时能够更好地保持工作与生活的平衡"。

结果他就加入了麦卡锡集团，但这次跳槽让他离自己在"改变的案例"中所定更均衡的生活目标越来越远；反而是完全违背了计划的初衷。担任汽车企业董事长一段时间后，布朗德被任命为麦卡锡集团的董事长，他发现自己掌舵的是一家大型的破产公司。我问他有什么方法让公司重新站起来，并保住大约15 000个工作岗位。在布朗德看来，承担责任是领导的一个基本原则。"有很多无辜的受害者被卷进麦卡锡的技术性破产，因为麦卡锡的问题不能归咎于员工。"他解释说，麦卡锡是一个多元化的公司，业务广泛，涉及家具贸易和服装业的众多领域，问题起源于巨额冲销坏账而造成的"非机动车业务"业绩不良。"所以我觉得我有责任保护股东的利益，但首先我关心的是无辜的受害者。"

他回忆起他和他的团队是如何夜以继日地工作，开发一个转型复苏战略，尽自己最大的可能挽留优秀的、有才华的员工。"当然,要留住人才办法只有一个:去银行,低三下四地恳求他们对公司进行资本重组。"布朗德说他这样做"有坚定的信念支撑,是为了员工,因为我认为这个方法很有可能拯救集团。汽车零售业务是高质量的,这就是我给银行说明的情况"。他很感激银行准备对麦卡锡进行资本重组,从而保住了成千上万的工作岗位。

随着公司趋于稳定,麦卡锡的汽车业务卖给了工业集团必得维斯特(Bidvest),布朗德留任当了7年的董事长。我想知道在一个完全不同的文化里,在必得维斯特总裁布莱恩·约菲(Brian Joffe)手下他是如何工作的。布朗德称必得维斯特的文化非常具有创业性,高度重视结果,非常灵活,节奏快,责任非常明确。"增长是必得维斯特的信仰之一",这已成为它们的一种口号:"用约菲的钱要有回报"。这种"不屈不挠的文化"对他而言是一个很好的培训学校:"虽然公司在某些方面一味强调结果,但我从中获得了宝贵的经验。"

布朗德现在就职于各公司和组织的董事会,关注指导年轻的商界领袖。那么他是如何看待领导力的?在他看来,"领导力与权力大小、职位高低或自己觉得是否重要无必然关系。独裁老板的时代已经过去"。他的哲理是,领导人应该"勇于走在前面,指引方向"。领导人必须树立最好的榜样,因为激励他人要靠榜样的力量。"他们对员工的影响力以及员工对他们的尊重与信任必须靠努力去获得,没有捷径可走。领导人还必须具备触动员工心弦的能力,这只能通过诚心诚意的服务来获得。这大体上就是我对领导方法的看法。"

如今,比起以前忙于行政工作,他有更多属于自己的时间。我问他是如何打发这些时间的,布朗德指出,"重新发现家庭"是他的首要任务。第二是学习新东西,也是为了做更多的服务,因为他接受的非执行董事都不是汽车行业的,而他的大部分时间都致力于社区项目。他是出于"我们要努力让南非与众不同,因为我们生活的国家,各种需求几乎是铺天盖地,我认为我们所有人都有责任确保明天会比今天更好"。

和布朗德交谈明显可以看出他对任何事情的绝对真诚和诚实,包括采访本身。他在"改变的案例"中所设想的更舒适的生活总是注定要排在他的责任感和力求改变的承诺之后,也许这就是原因所在。

对年轻人的建议

- 确保尽早知道你酷爱什么。
- 描绘你个人未来的梦想:"你想要成为什么样的人?你想做成什么?"

- 在涉及原则和价值观时,要有坚实的基础。"你必须弄清楚这些原则和价值观是什么,然后,当然是要努力尽自己最大的能力去实现目标。"
- 工作中,重点应该放在优秀的成果上。"许多年轻人重职业野心,轻结果,往往陷入困境。"
- 勤奋和毅力都是成功的关键因素。你应该倾尽全力,努力工作。

◀ 第四章　伯纳德·斯瓦内普尔 ▶

曾就职哈莫尼金矿集团，现任维利基黄金矿业公司董事长
访谈于2011年7月26日播出

　　伯纳德·斯瓦内普尔（Bernard Swanepoel）开始在格鲁特弗莱（Grootvlei）金矿工作时是个18岁的初级青年矿工。他在比勒陀利亚大学获得采矿工程的学位，后来通过业余学习又获得了一个商学学士（荣誉）学位。在金矿采掘业打拼数年后，加入了哈莫尼金矿集团（Harmony），这是一个在困境中挣扎、业务单一的金矿。12年来，他带领团队看到哈莫尼金矿集团成长为全球第五大金矿集团，市值约330亿兰特。伯纳德目前是约翰内斯堡证券交易所上市公司维利基黄金矿业公司（the Village Main Reef）的共有人兼集团董事长。

伯纳德一开始就明显很喜欢矿业。没有多少人会力劝年轻人在空档年①去矿下工作,但是在他看来,这也可能变成对毕业生有吸引力的一个选择!

于是,我们的采访一开始就追溯到18岁时的伯纳德,那时他作为一个初级矿工在格鲁特弗莱金矿开始了他的职业生涯。对他而言为什么从底层开始如此重要呢? 部分原因是"出于需要",伯纳德说,因为它提供了获得大学奖学金的途径。但是,今天回想起来,他也认为这给了他必要的经验。"在至关重要的 10 000 小时技能训练中,这是其中一部分。"

伯纳德在比勒陀利亚大学获得了采矿工程师的资格,后来通过业余学习获得了财务管理方面的商学学士(荣誉)学位。他说,如今更典型的学习组合可能是获得工程学位后去读MBA,但当你在采矿业"事业蒸蒸日上时",根本抽不出时间去全日制学校学习。"于是我决定利用业余时间充实自己的金融知识,而且我不得不说,作为商人,金融方面的技能归根到底是非常重要的。"

年轻的伯纳德加入了比阿特丽克斯金矿(the Beatrix gold mine),它是简科集团(Gencor)的一部分。把这个金矿改造成全国生产成本最低的黄金生产商,功劳要归他。他谦虚地说,他"只不过是个幸运儿,年轻时得到了机会"。 简科集团当时的决策者彼得·罗宾逊(Peter Robinson)"信任年轻人"。伯纳德还强调了他在比阿特丽克斯时所创团队发挥的重要作用,比如其中的费尔迪·迪朋纳(Ferdi Dippenaar)和尼尔·弗罗内曼(Neal Froneman)这些人。"我要说的就是,伙计们,我们当时在全国成本最低的生产商中列第50名,我们一定要成为成本最低的生产商。在团队和5 000名工人的协助下,这个目标不难实现。"

在比阿特丽克斯当了两年总经理后,伯纳德放弃在大型公司的成功事业,跳槽到一个规模小得多、处于边缘化的哈莫尼金矿集团,担任常务董事。这一决定背后的原因是什么? 在回答我的问题时,伯纳德解释说,尽管他喜欢在简科集团所获得的支持,但我仍然不可能"去做我认为这个行业真正需要做的事情"。就他对哈莫尼金矿的了解,这家矿业公司"处境非常糟糕,可以让你去改变它"。那时兰德黄金(Randgold,哈莫尼金矿的所有者)已经被罗杰·基布尔(Roger Kebble)和彼得·弗莱克(Peter Flack)等人接管了,"他们所说的一切于我而言听起来就像是这个行业所需要的。让我们从顶层开始,从上向下改变这个行业。这是一个完全不同的方法,所以当罗杰·基布尔打来电话,说他想和我聊一聊时,我告诉他我一直在等他的电话,后来发生的事情大家都知道了"。

---

① 在升学或者毕业之后工作之前用于旅行或体验社会环境的时间,通常为一年。译者注。

在接下来的12年里,经过一系列收购后,伯纳德把这个市值15亿兰特的单一业务公司哈莫尼金矿,发展成为市值330亿兰特的世界第五大金矿集团。回首那个时代,哈莫尼做了什么正确的决策?伯纳德是这么说的,哈莫尼变得高产是出于必须,因为它是低品矿。因为所有的高品位矿石都已被开采,哈莫尼金矿的每吨生产成本在行业内是最低的。在现在管理哈莫尼的格雷汉姆·布里格斯(Graham Briggs)和其他一些人的帮助下,我们或许在矿体的管理上增加了一点自律。换句话说,每吨低成本是好的,但你也要在合适的级别开采适量的吨数。那时由于盎格鲁黄金公司(Anglo Gold)战略性出售不再符合其核心业务的矿山,伯纳德说有许多矿山待售,"急需被选购"。最后,他说就靠"这样简单的收购,15次交易后,我们已经成为一个大型矿业公司"。

通过更高效的成本管理使边缘化的矿山盈利,这个方法后来被称为"哈莫尼模式"。这个术语出自尼尔,目前他是斯班页(Sibanye)黄金公司总裁。伯纳德说,并购非常成功,"以至于最大的挑战变成老是要向美国投资者解释为什么没有人照此去做"。

现在伯纳德是维利基黄金矿业公司集团的合伙人兼董事长。问及他对维利基的计划时,他说基本套路一直是接管不太值钱的廉价矿,"接手后做些改变",让矿增值。"我甚至不想说用更明智或更聪明的方式来运作,因为这听起来太妄自尊大了。我们只是用了不同的方式而已。"他解释说,在哈莫尼公司的例子中,"我们持续拥有自己的矿山,这就是为什么它们变得更加有利可图。在维利基的例子中,我们说要用相同的办法——这不会仅仅适用于黄金。事实上,我认为白金的机会巨多。我们挖完黄金,想把它转手给任何想挖其他矿的下一矿主。在各种交易中,我们确保员工团体的参与。我们确保工人的所有权,确保管理者不仅仅是管理,也拥有所有权。我们拥有矿山的股份小到1兰特大到1亿兰特"。

回顾他的职业生涯,伯纳德说他是偶然从事矿业,然后再一次强调了从底层做起的价值。在他看来,"也许是命运决定了我的职业,而不是自己的选择";在恰当的时候,他受益于"极为关照他的人"的帮助。回想起来,他认为,"他原本很容易就会去澳大利亚,或成为矿业分析师,或进入银行业,也许我做的最明智的事就是咬紧牙,去地下挖矿,正儿八经地做学徒"。他并不认为只有从底层干起的才可以管理一个公司,"但是当你晋升到高层时,基层的工作经历是极大的优势。我曾在计时办公室工作。我当过井底把钓工,负责地下绕线操作。我当过钻挖工和爆破工。如今我意识到什么是实践经验的全部价值"。

伯纳德在年轻时获得机会，是机会的受益者，他对年轻人充满激情，他相信"如果你不能为别人创造机会，你就是没有在开发你的主要资产"。他说他为一些曾和他一起工作的年轻人感到非常自豪，"而且现在他还打电话征求他们的建议"。伯纳德举泛非洲资源公司的简·纳尔逊（Jan Nelson）为例："在背后我说他是我的成功故事，当然在他面前我绝不能这么说，因为他是他自己的成功故事。"

伯纳德说，哈莫尼现阶段以引领转型、为不同种族和背景的年轻人提供机会著称。他认为，"我们国家最大的悲剧是现在的年轻人找不到工作"；他认为，这是一个挑战，采矿业应再次吸引年轻人就业。18岁的年轻人"如果因为迫切希望去矿山工作，应该暂缓一年上大学。如果我们能够再这样做，前途将不可估量"。

我想听听一位功成名就的矿业企业家对国家在矿业中的作用的看法，以及他认为就这个话题的争论是否明智。这位企业家精通采矿业方方面面，现在也是矿业资产的所有者。伯纳德说，首先这场辩论将会一直伴随我们；其次，"这或许是合法的辩论"。提到国家、国有化和私有化的作用时，就要涉及全球周期，他说，"现在我们是为数不多在讨论该问题的国家，但世界上几乎所有国家在不同时期发生过国有化"。当今世界"对自然资源的稀缺高度警觉。当一些资源匮乏时，政府就开始代表国民予以过问。所以，我认为开展这场辩论是明智的。我们需要寻求平衡，让国民得到适当份额的利益"。

在南非，采矿权已归国家所有，"所以它们已经被国有化"。但"带来资本的人应该得到合理的资本风险调整回报"。伯纳德说，作为投资者，如果自己的风险投资得不到丰厚的回报，他是不会投资金矿的。如果维利基黄金矿业公司建立一个公司，但不确定它们是否能够经营25年，"那我们绝不会投资所需的100亿兰特来经营这个矿"。伯纳德并非国有制的倡导者，他说，"我们在南非停止私有化有点过急"，他认为，"我们的国有实体不足以作为成功企业的范例"。遗憾的是，他补充道："如果它们是成功的公司，那我们的辩论会有实际意义；但由于情况并非如此，作为资本家我们几乎所有人只能说，你想按照经营我们的国有实体，或我们的航空公司那样来经营我们的矿山吗？当然不是。然而成功的国有企业与成功的私有企业到底哪个更好，这本该是很有益处的辩论。"不过他仍然充满希望，认为我们未来对这个话题会有坦率真诚的讨论。

不是伯纳德选择采矿作为事业，而是矿业选择了他。他对这个行业的挚爱在整个采访中极具感染力。他对年轻人能力的信任一如他对采矿业的酷爱，显而易见——即便在谈论国家角色时也是如此。如果像伯纳德这样的人一直对采矿业持乐观态度,那我们也得留意这个行业。

布朗德对"哈莫尼模式"的总结

- 哈莫尼严格削减成本:"绝对不产生没有必要的费用。"
- 我们过去常开玩笑说我们的道路坑坑洼洼,但我们开采的矿不会坑坑洼洼。
- 我们设法把钱花在该花的地方。
- 管理团队从一开始就相信,如果无法理清与员工的工作关系他们不可能成功。"曾经有一段时间,国家在经历巨大的转型;有一段时间,工会知道如果它们罢工就可以让矿山停工,我们必须处理好所有这些关系并让工人们站在我们这边。"

◀ 第五章 马蒂亚·范德·沃尔特·科斯滕 ▶

德国电信南非公司常务董事
访谈于2011年8月2日播出

马蒂亚·范德·沃尔特·科斯滕（Mardia van der Walt-Korsten）在斯坦陵布什大学获得临床心理学硕士学位，之后从事人力资源管理工作。1998年，她加入了德国电信南非通信技术有限公司（T-Systems South Africa）。这是一个提供全球性信息技术服务和咨询的公司，隶属于德国电信公司。2005年，马蒂亚被任命为德国电信南非公司的执行董事长。她是第一个获得该职位的女性，并在一年后正式成为常务董事。在她的带领下，公司业务蒸蒸日上，5年内年营业额从6.5亿兰特增加到30亿兰特。2008年，马蒂亚被评为南非年度女商人（2012年，她被任命为德国电信新成立的非洲区负责人以及德国电信南非公司的董事会主席）。

信息和通信技术公司的负责人拥有心理学硕士学位而非计算机科学或商科学位,乍一看怪怪的。我问马蒂亚她的心理学背景对她的成功有多大帮助,以此作为访谈的开始。"我认为它在一定程度上帮助我理解他人,"她说,但是在任命她为董事长时,她的非正统背景还是受到了很多人的质疑,"许多人的第一反应是,如果没有专业对口的技术背景你怎么能管理一个科技公司?"马蒂亚补充道,她一直记得当她试图向10岁的儿子解释德国电信是干什么样的工作时,儿子是如何反应的。当儿子听说母亲在掌管这个公司时,他惊叫起来:"他们怎么能给你这样的工作?你根本就不懂电脑!"

1998年,她加入了德国电信;2005年,她被任命为这个跨国集团的第一位女性董事长。马蒂亚坦言这次任命对她来说是一个"天大的惊喜"。第三个孩子出生后,她已经休了几个月的产假,她认为自己要回到原来的岗位。然而,在她复职后,当时的董事长曾和她讨论公司状况,说他们"当时的销售以及市场定位面临大问题";他需要有个人来扭转局面,用不同的眼光看待业务,"将公司引到一条截然不同的增长道路上来"。

当我们开始更多地关注马蒂亚的商业生涯时,她对人性的认知以及她把对人性认知的洞察力付诸实践的价值日益显现。在马蒂亚掌管公司时,公司的年营业额是6.5亿兰特;2008年,公司实现10亿兰特营业额的目标;2010年,达到了30亿兰特。她对这些增长有何贡献呢? 她说,主要的问题是在实施战略时,你必须对自己了如指掌。"你要确信你知道什么,但尤为重要的是,你必须知道你知识的缺陷。"因此她组建了一个团队,在她看来,这些人"绝对是各自领域的专家",他们共同"提交了一个计划"。他们希望所有的600名公司员工都对制定的目标充满激情,并且"这个目标非常宏大,让人觉得可望而不可即,但却又激情满怀去努力实现它"。于是事情就变成"让公司的每一个人都明白,要实现那个目标自己每天要做些什么"。

公司的员工从600人增加到2 700人。在这么大的集团里该如何实施战略呢? 在她看来,挑战在于每个员工都应该明白,战略就在他们与客户的互动中,在他们的日常工作中。"因此我们为自己设定了总体目标,希望自己收获更多。我们想做一些有意义的事情。"根据盖伊·川崎(Guy Kawasaki)[1]"做有意义的事"的理念,马蒂亚指出,川崎说如果你的公司致力于做有意义的事,那么你无论如何都

---

[1] 盖伊·川崎,Alltop.com 的联合创始人,Garage Technology Ventures 的执行董事,曾任苹果公司首席宣传官,著有《创业的艺术》等8本书。

会赚到钱。"各种各样的企业会很妄自尊大,尤其是当它们趋于成功时。但对我来说,重要的是我们这些信息技术专家、人力资源专家、金融专家都是普通的人,是普通的南非人,但我们想创造奇迹。"

她坚信允许犯错的决策文化所拥有的优点,相信"什么都不做比做错了还要糟糕十倍"。不作决定、不干任何事情你不会犯错误,但你也将一事无成。"因此我更喜欢有人愿意承担风险,作出决定并着手干事。我们宁愿犯错误,从中汲取经验教训,不断成长——我认为这种文化是我们成功的原因之一。"

2008年,马蒂亚被评为南非年度女商人。在一次演讲中她说,女性有时更倾向于征求意见、接受建议,这种特质是她们立足商界的优势。当我问她有关这种观察评论时,马蒂亚说,尽管这个说法可能有点笼统,"但这与自我意识有点关系"。当前的信息技术环境仍然是一个以男人为中心的世界。"我常常调侃他们,说男性有这种自我意识会带来更多麻烦。显然不是所有女性自我意识不强,但是我认为如果你能承认你不是无所不知,你一定会对你是谁、你处于什么地位感到颇为满意。对我来说,公司的学习氛围和可以承认自己并不完美的环境是一种艺术。"马蒂亚认为,"与他人沟通的能力是能够真正听到,真正去听,而不是只听你想听的,这就是德国电信巨大的优势"。

她补充说,女性通常更容易适应变化的环境。在她看来,这跟"我们经常扮演不同的角色"息息相关。就她自己而言,她是3个孩子的母亲。养育孩子是"一个不可预测的过程",孩子们性格各异、时间安排和要做的事不同。"你知道自己必须要安排这些事情,需要给每个人同等的关注。"

对人的关注和理解他们的必要性,像一条主线贯穿整个采访。我想稍微延伸一下话题,所以我问马蒂亚,她对资本主义,对经常与交易形影相随的贪婪有什么看法。在她看来,整个2008年金融危机期间"归根结底就是贪婪"。当时,德国电信团队绞尽脑汁思考到底发生了什么。公司在做什么?真相是什么?就我而言,它总是回到问题的本质:我们为什么存在?例如,如果人们将德国电信看成是个计算机公司,那么"我们唯一的目的就是支持、维修计算机系统,帮助人们沟通吗"?

马蒂亚认为,应该将公司存在的理由和"更远大的目标,更宏伟的梦想"联系起来。她说,当他们快要成为30亿兰特产值的公司时,实现了"既定的目标","但是下一步怎么办?难道我们的目标只是把公司变得更大,赚更多的钱吗?德国电信的成立要为自己股东赚钱,为公司员工谋福利,这不言而喻"。

马蒂亚说,这与"有灵魂的"资本主义这个概念有关,当然,你会说赚钱是我们目标的一部分。"但当你走上了从成功通往重要的道路上时,要做的远非赚钱。"

在德国电信,他们告诉自己:"当我们为员工、为客户做到最好时,为南非做到最好时,我们知道自己非常重要。"我们的目标不是"在什么中最好",而是"为什么提供最好的",这是重点的全面转移。她补充道,当你听到来自农村的人目前在一个高度专业化的信息技术公司工作时,你会意识到公司的重要性。"于是你就知道你改变了人们的生活,对我来说这就是真正的意义所在。"

涉及领导力问题时,马蒂亚看到同样的争论。她强调,领导者的目标之一是赚钱,因为这是经营公司的基本要求。对她来说,经商与道德并不冲突。然而,难的是使企业的运作符合道德规范,与道德原则共存。她承认,"我们想要有灵魂的资本主义,或至少是不太贪婪的资本主义,"这话说起来很简单,但真正要付诸实践是一个非常漫长的过程。她绝不会说德国电信已经做到了这一点,因为马蒂亚说,"人总要与他人共事",她们自己一直在反思,在利益与竞争的环境中经商守德真正意味着什么。对她们来说,这个过程持续不断,是"一个我们不断为之辩论的过程,对我来说,这仅仅是个开端。一开始要把它变成一种交互对话,让人们至少开始思考并提出问题,然后希望有一天人们能回答经商守德的真正意义是什么。

与其他采访不同的是,在这个采访中人被赋予了更重要的作用。当谈到战略和公司的成功时,马蒂亚不断提到公司里的每个个体,以及每个人是怎样成为计划的一部分的。这就是她的心理学背景让她对那些科技或金融专家而言具有的优势。我也相信有必要让有人文或社会科学背景的人在资本主义弊端辩论中扮演更重要的角色;我们不应该再放任让某些完全是"刻意"经商的人自行决定游戏规则。

领导者的核心目标

- 无论你身处什么样的情况,你都要对实现目标、对摆脱目前的困境、对自己的计划会成功充满希望。
- 给别人希望。
- 认同你的同事,让每个人都相信目标是可以实现的。

给商界年轻女性的建议

- 成为你所在领域里的专家。
- 无论让你做什么,或自己要去做什么,尽全力做好,做的比任何其他人要好。
- 要真实,做你自己,不要试图去模仿男性榜样。

◀ 第六章　约翰·范齐尔博士 ▶

丰田南非公司董事长
访谈于2011年8月9日播出

1993年，约翰·范齐尔（Johan van Zyl）决定结束学术生涯转行去丰田南非公司谋求高位时，他是原波切夫斯特鲁姆大学（Potchefstroom University）的市场营销学教授（之前，他在该校获得博士学位）。现在他是丰田南非公司的总裁。公司有约8 000名员工，年营业额达500亿兰特。出于对持股公司的尊重，他学会了用日语阅读、交谈。2009年，约翰被任命为日本丰田汽车公司的管理总监，成为公司历史上被任命为该级别高管的5个非日裔人士之一。除了在约翰内斯堡和伊丽莎白港有办公室，他全职在东京办公。

约翰曾是前波切夫斯特鲁姆大学（现为西北大学一部分）的教授，他的大部分学位课程成绩都是优秀。因此，问他强大的学术背景对职业生涯成功有何价值，以此作为我们访谈的开始是蛮对路的。约翰认为，如果你想给员工授权，"你首先应该关注的是培训和学术背景，这并不是说必须有文凭"。他相信强大的学术背景是很重要的，"但这并不能保证成功"。约翰认为，高校应多教人如何思考，少去试图培训他们。在商业社会中，我们会通过在职培训来教他们如何做特定的工作，但我们要找的是真正有不同想法的人，有创新精神的人，也能理解更宽泛理念的人。

无论是全球还是南非，丰田是成功公司的典范。当我问约翰关于丰田南非公司的历史以及它的创始人艾伯特·维塞尔博士的贡献时，他指出，这是"南非人应关注的卓越成功故事。这是我们未来发展的典范"。维塞尔博士是位企业家。1961年，他进口10辆汽车创办了公司。约翰补充说，但是当你告诉人们他是在55岁开始创业时，"他们不相信"，因为在55岁时大部分人开始规划退休了。从微不足道的小公司开始，丰田南非在1980年成为当地市场的领导者。维塞尔博士以及后来他的儿子伯特·维塞尔（Bert Wessels）和女儿伊丽莎白·布拉德利（Elizabeth Bradley）为丰田南非公司奠定了基业。约翰将其描述成一个高度价值导向的公司，其鲜明的企业文化模仿日本丰田公司的做法。

丰田南非公司与日本丰田公司之间另一个显著的相似点是其强大的家族管理结构。约翰一直称丰田南非公司是个"家庭"。他解释说，他们说"丰田家族"时，显然不但包括丰田南非自身，还包括他们的经销商网络、供应商，以及所有对公司感兴趣的人。"我总是说家族是不会分崩离析的。我们可能会互相厮杀，但我们不会分离。我们彼此相连。我们互相照顾。我们相互关心。我们一起工作，为大家创造更好的未来，这就是丰田家族概念的由来。"像日本的丰田是由丰田家族创立的家族企业一样，南非的丰田是由维塞尔家族创立的。

危机管理是汽车市场不可回避的部分，无论是某个型号必须被召回还是零件有缺陷的问题。约翰是如何应对这些危机的呢？他说，"你最不该做的是陷入恐慌。我认为要先来个深呼吸，再仔细思考一下究竟发生了什么"。在他的经历中，每一次危机都是一次绝佳的学习机会、一个加深理解的机会。他用2011年3月的日本大海啸作为例子，"就风险管理和风险防范而言，此类危机结果会变成绝好的学习机会。这样一个巨大的自然灾害对你的公司不无影响——当你告诉人们灾难可能发生时，他们不以为然；但是哪一天灾难真的来了你该怎么办？危机是一个美妙的机会。当你这样说时，人们总是认为这听起来很奇怪，但如果你仔细想一下……如果你还没有遇到危机,那你就没学会应对危机"。

这位南非人入主日本丰田汽车公司执行董事会,荣耀无限。仅有5位非日籍人士曾晋升此高级职位,他是其中之一,而且这是世界上最大、最成功公司之一的丰田公司的董事会。鉴于他的学术背景和企业经验,约翰对企业领导会有什么看法?他坦言,他不喜欢"英雄管理者"或"英雄领导"的观念。"在我看来,你仅仅是你自己。团队非常重要。你必须打造团队。对我们想要达到的目标,大家要矢志不渝、理解认同和出谋划策,然后在实践中竭尽所能实现既定目标。"目标完成时,"不是个人的胜利,是团队的胜利。这正是丰田文化的一部分,也是我们一直所用的方式"。他们喜欢有创造力和创新想法的人,并希望把他们吸纳到团队里,"因为企业最终如何取决于团队的表现"。这很像体育运动,约翰说。"我有个简单的理念。你可以犯次错误,然后你必须从中汲取经验教训。我们是在不断地学习。"

"一直让我印象深刻的是丰田与南非人打交道的方式,就好像它是一个真正土生土长的品牌。"约翰微笑着说:"但它就是本土品牌!"他说,他们一直将丰田定位成一个真正的南非公司,这也是因为公司在南非的历史底蕴。他们努力在对外宣传中表达这种想法,比如他们在广告中融合了典型的南非幽默。约翰解释说,如果我们想吸引本地客户,"我们要建立客户文化与产品文化的联系"。

采访结束,我一直在想,约翰的业绩对他成为跨国企业全球管理团队一员的重要性。丰田这个名字在南非人中间也许是家喻户晓,但没有多少南非人知道,丰田南非公司的负责人也是国际汽车行业的领导者。

丰田成功的基石

- 尊重他人。这个原则要求人们尊重别人的意见、财产、感情和工作。"所有工作都应该得到尊重。所有工作的人都应该受到尊敬。端茶递水的人也应该受到尊重,他也应该得到和公司领导同样的尊重,因为他也是人,他提供了服务,他作出了贡献。这就是尊重他人的含义。"
- 改进式企业经营(kaizen)或不断改良。在日本人的思想中,没有一个步骤可以称得上是完美无缺的,虽然你可以说你对所取得的成就感到满意。他们常说:"我们现在做得非常好了,但我们该如何进一步完善呢?"

对职场新手的建议

- 认真对待你的学业，选择一些你真正想做的事——成功不能仅以金钱来衡量。
  "对我来说，衡量成功的标准是你是否能够真正实现自我，是否喜欢自己所做的
  事。我想没有比每天去上班，做的却是你不喜欢的事情更糟糕的了。"
- 以饱满的热情开始，以饱满的热情工作，而且要投入时间。南非人才济济，如果
  你想成为企业家，马上动手吧。别再等啦!

◄ 第七章　詹尼·穆顿 ►

PSG集团非执行主席
访谈于2011年8月16日播出

　　詹尼·穆顿（Jannie Mouton）来自南非卡鲁（Karoo）的卡那封（Carnarvon）小镇。他的父亲是位企业家，原先教书后来在镇上开了家商店。小时候，詹尼听收音机广播股票价格、和父亲讨论股市走势以及他们的股票投资。上小学时，他已经熟悉各上市公司及其业绩表现。詹尼在斯坦陵布什大学学习，获得了特许会计师资格；之后，他在企业里工作了一段时间；然后，与人合伙创立了约翰内斯堡证券交易所经纪公司SMK，但他后来被他的董事会同事解雇。身为50岁的失业者，詹尼开始创立PSG集团。2012年，PSG集团已发展成一个市值超过120亿兰特的商业帝国。目前，他是该集团的非执行主席。

在联邦人民投资公司（Federale Volksbeleggings）当了7年特许会计师后，35岁的詹尼投身创业，与两个朋友一起创立了约翰内斯堡证券交易所经纪公司SMK。他与母亲和妻子商量贷款，拼凑了50 000兰特作为自己的投资股份。SMK的经营非常成功，然而，1995年8月5日詹尼的人生跌入谷底。把孩子们送去上学后，他像往常一样开车上班，浑然不知在办公室等待着他的将是什么。两个小时后，他的合伙人用简易程序解除了他的执行董事职务。这次的突如其来的解雇"可能是我人生的转折点"，詹尼说，"因为它不仅仅令人吃惊，更令人感到震惊和羞辱。既让你担心未来，也让你感到苦闷、感到愤怒"。经过一两个月的苦恼折磨，"我意识到我必须扭转颓势，继续我的生活"。

快50岁时，他是位受人尊敬的商人，领导着一个成功的公司，而这个挫折显然给了他沉重的一击。但詹尼没有花太长的时间疗伤和消怨；他将自己所有可支配的空余时间用于阅读、思考和规划。他规定自己每天必须穿戴整齐，"这样我至少看起来还是8点钟上班"，让自己在家里的办公室里忙于阅读经商和励志书籍，并写阅读摘要。"我妻子帮我把这些摘要打印出来，渐渐地我的思路清晰起来，知道我这辈子要做什么。我把这个想法写下来，放在桌子上，每天看。就这样，我制订了一个计划。"

1995年，他创办了一家公司，就是后来的PSG集团。这是一家投资控股公司，2012年有42项涉及各行业的投资项目在开展，这些行业包括金融服务、银行、私募股权、农业和教育。集团的成功可以这样来衡量：如果你在1995年，也即詹尼购买上市公司PAG（PSG集团的前身）那年，购买了PAG公司10万兰特的股份，那么到了2012年这些投资的价值将会超过1亿兰特。他用了17年左右的时间，到2012年成功地将集团市值从700万兰特提升到120多亿兰特。

建立卡皮提克银行（Capitec）并上市，农业投资公司泽德（Zeder）的上市，最近上市的私立学校教育集团库罗（Curro）以及发展一帆风顺的PSG财务咨询公司，这些是集团在金融业成功道路上的几个亮点。

1994年，新南非成立后PSG集团开始运作。我想知道詹尼对当前的商业环境，对国家的未来是怎么想的。詹尼说，在他的脑海中毫无疑问的是"机会就在南非。我经常告诉人们，我们根本没有机会在欧洲尝试开办类似卡皮提克这样的银行。可以说，那里的一切都已有人在做了。可见这个国家商机众多，数不胜数"。他以PSG公司旗下一家黑人拥有51%股份并控股的公司特姆贝卡（Thembeka）为例。该公司白手起家，现在身家过10亿。他承认，有时他和他的团队会有点担心像银行和矿山国有化那样的问题，"但我认为没什么大的风险，因为这个国家到处是商机"。

PSG的总部在斯坦陵布什,规模很小,你甚至可以掰着手指数清工作人员的人数。我问他为什么选择那里,他说这一决定要从他突然被SMK解雇说起。他承认,他已经意识到自己也有点问题,"或许是太咄咄逼人,待人太严厉,缺乏耐心。这就是为什么我现在人坐在斯坦陵布什的办公室,而所有的业务在其他地方开展"。有些事他思考良久:"你要在明确界定的框架内给人以自由。"

谈话中让我印象深刻的是,詹尼其实是在践行自己的爱好(如他所说"我喜欢来办公室"),并要长久保持这个习惯。他的导师股神沃伦·巴菲特比他大16岁,"他现在仍做得风生水起"。采访结束后,我们谈起他的儿子皮特替他担任董事长一事,为此他受到不少指责。他作这一决定的理由很简单——穆顿家族的财富都在PSG股份名下,因此,他得任命一个自己中意的最佳人选来打理家族资产。此外,还可补充的深刻印象是詹尼从没有出售过一股PSG的股份。

管理要点

- 最大限度授权——即使人们会犯错误也要给予作决定的自由,但这种自由必须在协商一致、明确界定的框架内,并且即便事情发展不顺利他们也必须恪守诚信。
- 公司股份——高级管理人员应直接拥有各自公司的股份,因为这将激励他们让公司业绩不断提升。
- 子公司上市——子公司要上市,各项结果必须向股东和媒体解释清楚。"在什么地方跑100米比赛成绩会最好?是在聚光灯下的大看台前,还是在看台后黑漆漆的地方?"
- 年度发展大会——PSG认为所有的决策者都需在年初聚会,讨论公司发展,寻求内部及外部机遇。

给年轻人的创业建议

- "没人会认为成功可以凭空获得"——要学习、读书,并要先在自己的学科领域获得一些工作经验。
- 制订计划,然后与其他人讨论一下,但该计划是你相信可以实现的。
- 某个阶段你要不惜薪水稳定的工作,冒一下险。如果你的计划一切妥当,任何事情都阻挡不了你。

◀ 第八章　克里斯·文特尔 ▶

阿非格里集团董事长
访谈于2011年8月23日播出

在比勒陀利亚大学获得神学学士学位后，克里斯·文特尔（Chris Venter）改变了专业方向，取得了MBA学位。他选择了在银行就业。任职南非联合银行（Absa Corporate）①和商人银行（Merchant Bank）期间，他在纽约工作了近3年。2006年，他以金融服务和保险业务总经理的身份加入阿非格里集团（AFGRI）②。2008年，克里斯被任命为该集团的董事长。

---

① 南非联合银行成立于1991年，是南非最大的银行集团和零售银行，客户超过700万人。译者注。
② AFGRI是一家领先的农业服务和商品粮加工集团。译者注。

在进入一家农业公司之前克里斯获得了神学学位,在你与他交谈前这是无法想象的。在采访过程中可以明显感觉到,克里斯的信仰在生活中发挥了重要作用,尤其是当他想要改变人们生活的时候。

我很好奇为什么克里斯在学完神学后决定去读MBA学位。据他自己解释,与他的心灵和信仰关系很密切的人对他也十分重要。因此,他一直想涉足一个领域,在那里他可以和他人一起工作,也可以影响他人。"我很快就发现我其实可以在商业界产生更大的影响,这基本上就是我决定去读MBA学位的原因。"

毕业之后,克里斯开始从事银行业,其中包括在纽约近3年的工作。在他看来,他从这一国际经历中收获了什么,促成了他后来的成功?克里斯将其描述为"极其重要的经历",他在纽约度过的时光对他而言"真是个巨大的优势"。他指出的其中一个好处是"美国人看待商业的方式是规范":什么东西都很大,但他们谈判的方式却非常具体,几乎是进攻性的,"然而你能从中获益"。当然,他补充道,它不只是一段商业经历:"这几乎就像你在学习你的本性、你的性格必须具备的一些东西,如果你只待在南非,你不一定能学到。"

对克里斯来说,他的国际阅历对他的职业有利。他会鼓励年轻人把握机会获得国际经验吗?他说,肯定会,特别是从文化的角度。他认为,在像南非这样的一个国家,有这么多不同文化的群体,"你体验的人文文化和商业文化越多,在商业界拥有的优势就越大,因为你从文化中学到了一些东西"。他说,你坐在谈判桌边,你对谈判对手的看法往往被蒙蔽。而你能从其他文化阅历中学会的是不同的洞察力,"通常只是看待一个特定交易的方式不同而已,并不一定说明人是消极的。我几乎可以说,从交易角度看,一个人可以从不同文化群体中学到大量知识"。克里斯会推荐任何一个年轻人去体验商业中的这种文化多样性。

许多南非人选择移居他国创建自己的未来,那么为什么克里斯和他的妻子却决定返回南非?克里斯说,他们并没有抱着留在国外的目的出国。"我们有机会移民,长期待在国外,我们也深入思考过这个问题。这是一个漫长的祈祷过程,但我们在内心深处是个非洲人,所以我们想回国。我们是非洲的一部分。我们希望居住在非洲。我们想要在这里做一些改变,或者在这里产生一些影响,我们从没想要永远离开这个国家。"

在他返回南非不久后,克里斯离开了银行部门,在阿非格里这个农业和食品公司谋得一职。乍一看,这似乎是一个不寻常的举动,但他的新老工作之间是有相似性的。克里斯解释说,阿非格里让他重点关注金融服务部,最初他负责打理公司的这部分业务。在他的银行从业生涯中,他参与过国际融资,曾有机会为大宗商品,包括粮食商品融资。"所以,转入农业公司仍是在粮食行业,依然与粮食商品相关。"

当克里斯在2008年被任命为阿非格里集团的董事长时,他立即着手对整个公司进行重组。该过程的核心是打造他所谓的粮食价值链。我想更多地了解这一战略背后的理念。克里斯说,他相信每个公司都有特定的基因,如果一个公司想要取得成功,"你应该知道你的基因是什么,然后尽量保护、发展该基因"。回顾阿非格里集团90年的历史,"阿非格里的基因是粮食、粮食的管理及其使用"。所以,提及重组,他说这就是他们必须回归的原因:"我们应该培育基因,并以它为基础,当然,与此同时也要知道我们要去往何处。换句话说,愿景应该建立在该基因上。"

阿非格里是全国最大的农业公司之一,有8 000至10 000名农民客户。看到非洲的贫困和粮食短缺,克里斯在想,南非在解决这些问题时该起什么作用? 他"相信在非洲有特殊的解决方案",像他们这样的公司会参与拟定解决方案。根据他的经验,南非农民可以通过传授技术在非洲产生影响,"我们真的需要不辞辛苦地"去传授专业知识。他说,他的激情和他对未来的关注"就是去施加影响,看看有什么机会可以让我们的农业公司同其他非洲国家的农民一起开发利用农业技术"。

南非农民面临的主要挑战是什么? 在回答我的问题时,克里斯重点关注"国有化的呼吁"以及围绕耕地保护和土地所有权的问题。这并不是说他认为这些辩论一定只有负面影响,而是"因为有一段需要考虑的历史"。在他看来,应该做的"是与农民合作,并着眼于给他们提供解决方案"。就此他提到许多其他非洲国家的土地是可以租赁的,租期99年。克里斯强调,他并不是在提倡将这种做法作为解决方案:"我想说的是,农民、农业公司、当然还有产业参与者应该有积极和解的态度,大家坐下来与政府一起探讨,看看解决南非土地所有权问题我们能有什么办法。"

另外,他对于技术在现代农业经营中所扮演的角色有什么看法呢? 克里斯说,大多数农民,特别是农业大户,越来越多地利用技术增加自己的优势。美国和澳大利亚等一些国家的例子表明,技术创新使农民使用更智能化、更便利的方法来降低成本。南非的一些农民也如此,如他们已经在利用技术以保证燃油的最佳效率,他认为,技术的影响力将会越来越大。他认为,农场主在未来承担不起轻视科学技术的代价,因此他们应该确保给自己的员工传播技术和知识。

我请克里斯描述一下他的管理风格,他将其概括为"带有几分专制的门户开放政策"。门户开放政策确实占用了他更多的时间,"但我喜欢得到基层员工的看法"。此外，他认为员工"比我知道得多"；他必须确保自己平易近人，以便那些懂业务的、那些每天在公司工作的人都能来跟他交谈。尽管如此，他同时认为，作为一个领导者你要"直接指明道路方向"，这也就意味着涉及领导和管理时，他不相信民主。"我认为，领导力不是与生俱来的东西，需要加以培养，你得发挥领导力带领其他人与你一起实现你的愿景和梦想。"

整个访谈给人的印象就是克里斯的自身利益和社会群体利益之间的关联，不管这个群体是南非的农民，是在食品安全问题上站在错误立场的人，还是阿非格里的员工。同样可明显感知的是他迫切希望有所作为，作出贡献。问及他职业生涯的亮点，克里斯说目前他的一大亮点就是有机会"激情满怀地提倡粮食安全，希望未来能在此领域产生更大影响"。总之，正是在这一点上，你明白了神学教育和MBA学位的结合根本不算离奇！

对年轻人的职业建议

- 你必须诚实正直，并用它指导你的行为。"年轻的商务人士往往倾向于将艰难的决定往后推，宁愿去做简单的事情。"
- 你必须知道你想要什么，"如果你不知道你要去往哪里，那么你将永远无法到达那里"。你想要什么"不是你脑袋里能想出的理性的东西，它深藏在你心中——它就是你所拥有的激情。如果你工作有激情，你一定会取得成功"。
- 如果你真的想获得成功，那就做好准备努力工作。"一切事情未必会自动发生。"
- "用智慧"工作。

◀ 第九章　路易斯·冯·措伊纳 ▶

南非联合银行集团前副董事长
访谈于 2011 年 8 月 30 日播出

　　1981 年，路易斯·冯·措伊纳（Louis von Zeuner）开始了他在银行业的职业生涯，当时他是人民银行（Volkskas）古德伍德（Goodwood）分行的一个职员。在南非联合银行集团工作期间，他用业余时间完成了经济学学士的学业。路易斯的职位不断上升，最终成为南非联合银行集团的副董事长。2012 年，在服务了 30 多年后，他变换了行政职位，成为集团的非执行董事。他也是南非电信公司（Telkom）、服装零售商埃德康集团（Edcon）等公司的董事会成员，参与南非一些主要机构董事会层面的活动。

　　对路易斯的采访有好几个方面显得很独特。他从收到第一张工资支票起,始终效力于同一雇主,这是我访谈对象中为数不多的一个。30年后,他以老板的身份退休。此外,我的印象是路易斯随时都可以联系上。我们在联系安排访谈时,不管一天中什么时间他都会回复消息。另外,路易斯要我就他想提及的某件事专门提个问题,这在嘉宾中也是少有的。

　　1981年,年轻的路易斯在前人民银行古德伍德分行开始了他的职业生涯。我们的访谈从这一幕开始。当时他可曾预见自己将成为银行未来的老板之一吗?路易斯说,肯定没有;他已故的父亲对这个问题可能也会“肯定地说‘没有’”。路易斯开始在银行工作的同时,晚上利用业余时间继续他的学业,但他的父亲坚信,一个人开始挣钱后,那就永远不可能读完学位。路易斯承认,他大学最初的几年“不太成功”。一方面,“他在学习上没有给学校的优等生构成威胁”;另一方面,热衷体育运动影响到他的课堂出勤率。因此,那时他不敢奢望能晋升到银行的高层。这种念头更像是“有了机会才萌发的”。

　　现在普遍认为,人们应该在不同的公司获得经验,而不是整个职业生涯固守一个雇主。我想听听路易斯根据自身经历,对此有何看法。他认为时代变了,现在很难在一个工作场所拥有如此漫长的职业生涯了。他还指出,大型公司的国际趋势是倾向于在“必要时”才使用劳动力。这在南非也很容易发生,这就要求我们改变思路,认为这样做会造成失业增多。“我认为这种趋势最终同样会蔓延到南非。”他经常告诉南非联合银行集团里的年轻人,要他们永远保证自己的“适销”性。他说,“你所拥有的特殊技能在外部世界是什么价码?对你的服务和技能有需求这很重要,但我们也必须意识到,人才必须在任何地方都能扎根。展翅高飞有好处”。

　　路易斯的工作场所近年来的确有了变化,那就是南非联合银行集团有了一个外国控股股东:英国的巴克莱银行(Barclays Bank)。① 经验丰富的南非联合银行集团的银行家与这一新股东处得怎样? 就“积极的一面”,路易斯指出与巴克莱交易有这样两点:巴克莱“在零售银行业没有优势”,他解释说,但是他们在企业银行业务方面是很厉害的,而在这一领域南非联合银行集团则相对薄弱。因此,这场交易中“比较容易的事情”是不会发生大裁员。而且,因为这是个“互补关系”,所以银行内部的员工也不会感到自己的职位受到威胁。当提到这种新形势

---

① 巴克莱银行成立于1690年,截至2012年为英国第二大、全球第七大银行。2005年7月,巴克莱购入南非联合银行集团有限公司过半数股权。译者注。

带来的挑战时,路易斯回忆说,2005年,他们突然不得不与一个在英国和美国上市的公司合作,这导致南非联合银行集团受制于一些国际法规,而他们在南非的一些竞争对手并不用遵守这些法规。"你经常觉得在南非你真的无法竞争了,因为你必须遵守其他规定,但我相信这最终将会产生长期的效益。"

许多人认为,南非的零售银行服务在某些领域引领全球。路易斯认同这种观点吗? 他说,这也许是我们文化的一部分,我们倾向于认为"如果一样东西是国际的,那它必定比本地的要好"。让他惊讶的是,在一些领域那时南非远比巴克莱要先进,比如为客户提供的电子银行服务。他相信,就某些服务和产品而言,南非联合银行集团绝对领先他们,"至少是很有竞争力的"。如今,其他地方的零售银行在某些方面快速追赶我们。路易斯警告停滞不前和骄傲自满的风险:"我们永远不应停止创造性地思考解决方案。"

南非联合银行集团拥有4万多名员工。从领导的角度来看,这个团队人数如此众多,该如何管理? 路易斯认为,作为一个领导者,你首先应意识到单靠自己几乎干不成什么,你需要有合适的人辅助你。他深感许多组织的力量在于多样性。但当谈到多样性,我们不应把它当作仅仅是肤色上的多样化。在路易斯看来,多样性是一个广泛的概念,涉及不同性别和思维方式的兼容并蓄。所以,当你"在这个充满活力的团队中"工作,你的小组内有持不同想法的人非常重要。"我们必须创造一种风气,让人们不仅有权利,而且有意向来表达他们的观点和提出他们的意见。这样的话你可以坐下来,梳理一下团队贡献出的观点,作出最有益于组织的决定。"路易斯认为,领导者应该知道什么是该组织的愿景与战略,他们是否有可以分享这些集体目标、赞同相同价值体系的人,这些至关重要。这也就意味着"我们必须高度适应不断变化的环境——没有一个人总是能给出答案,或所有的正确答案"。

路易斯想提出的具体问题是对我们社会某些行业的看法,他认为,在新南非并不是所有的行业都真正有机会、有未来。尽管这个问题很复杂,我还是渴望听听这位与国家有大量业务往来、同时提供大量就业岗位的银行家对这一问题的具体分析。路易斯认为,尽管在某些方面和现实社会中,"你我更大的目标仍然是创造一个正常运行的环境,这样我们的孩子和其他人可以从这个正常化的环境中受益;实现这一目标有个过程,并不总是很容易"。不过,他认为"机会确实存在",他引用自己的职业生涯为例予以说明。作为一个天生的开普敦人("如你所知,我们不轻易离开"),他出道很早时就下定决心,如果他想要在银行界有所成就,他就不得不准备四处辗转,在小城镇里做派给他的工作,而在那里他获得了宝贵的经验。他坚信,"对于矢志不移的、努力工作的、拥有技术知识和技能、有意向走向顶峰的任何人，到达巅峰的职位现在仍然存在。这类职位可能很少，你在获得此类职位的过程中可能不得不牺牲一些东西，但那个职位是存在的"。

路易斯以南非联合银行集团发展经历为例来说明各种机会存在的观点。"巴克莱给了南非联合银行集团机会，使我们不仅可以在南非而且还可以在非洲其他地区工作。现在我们可以给南非联合银行里的任何人提供国际工作岗位。"所以，路易斯说他想提个建议，挑战一下这种看法：如果你觉得受到限制，你可能陷入了窠臼中。考虑到国际环境和这片大陆的所有机会，他相信，如果你愿意走出舒适区，接受一定程度的变化，你会发现你想要的位置就在某个地方。但是，与当今世界的一切事务一样，你必须让它发生。事情不会自然发生，机会不会自动掉到你的怀里，你必须去探寻。

路易斯在他的职业生涯过程中经常搬家，一直负责国内不同地区的业务。从这些不同职务中他看到了什么样的价值呢？他说，你获得了难以置信的经验和对人性的认识。路易斯认为，你"通过走出舒适区，通过探索新环境"获得了经验。最后，当你"不得不坐下来作艰难的决定时，你可用的经验绝不仅是指南手册里的那些东西；你获得这些经验，是因为你已经走了很多路"。他补充说，很多时候你置身混乱之中看不到其价值，但当你以后回顾往事时，你会意识到它的价值。

谈及银行业，路易斯宣称自己对南非的银行界感到自豪。他强调如果你想做国际生意，拥有强大的银行业非常有价值、有必要。另外，他认为这对"我们这些南非的银行想拥有非洲大陆的领导地位"也非常重要。所以你想要银行业"名列前茅"，因为国内外的投资者都想与能确保自己资金安全的金融机构做生意。

这次采访给我留下了一种感觉：路易斯将继续在培养年轻人方面扮演重要角色，而且他可能会将其对体育运动的热爱结合起来。也许路易斯在南非联合银行集团的职业生涯，并不是那种在一家单位从一而终的情况，会不会是雇主压根没想过要放他走呢？

想达到顶端的人必备的品质

- 你必须要有合适的技术知识和技能，"还得结合书本知识"。
- 你必须要有必胜的意志。他认为"必胜的意志是一种选择"，它适用于商业界，也适用于体育界。作为一个爱好运动的商人，在跳羚队（Springbok team）① 和

---

① 跳羚队是南非橄榄球国家队。1995年，跳羚队首次参加世界杯，在决赛里以15：12战胜全黑队，成为南非体育史上一个伟大的时刻。译者注。

全黑队（All Blacks）①的世界杯决赛之前，当路易斯有特权为跳羚队队员分发球衣时，他也向球队传达了这个意思。

- 坚决与公司"对愿景和战略的承诺"保持一致。
- "在公司你是冷酷无情的角色，在社会环境中你培养人并为他们创造机会"。
- 您必须能产生想法，并且捍卫它。您必须能够以不同的方式思考事情，当面对令人信服的事实和理由时应该开明接纳别人的劝说。
- 强大的个人价值体系，坚定的原则和对更宏伟计划的理解。

---

① 全黑队是新西兰橄榄球国家队，是历史上最成功的橄榄球国家队。译者注。

◀ 第十章　埃德温·赫尔佐格博士 ▶

梅迪国际集团创始人、执行主席
访谈于2011年9月6日播出

埃德温·赫尔佐格（Edwin Hertzog）学医12年后成为麻醉师，接着在私人诊所当了3年医生。1983年1月，加入了伦勃朗集团（the Rembrandt Group）。他的父亲是伦勃朗集团的联合创始人兼副主席。梅迪（Mediclinic）的概念被提出和阐述之后，当年年末就得以建立起来。伦勃朗集团于1986年在约翰内斯堡证券交易所挂牌上市。时至今日，这个集团已经是世界上第六大私人医院集团，在南非、纳米比亚、中东和瑞士都有医院。目前，埃德温是伦勃朗集团现任执行主席，也是其他一些公司如让慕果投资控股集团（Remgro）、石油巨头道达尔（Total）南非公司和葡萄酒巨头迪斯特尔（Distell）的董事会成员。

从医生职业转行加入勃朗特集团之前，埃德温在私人诊所当了3年麻醉师。这种转行决定不是轻易能作出的，于是我问他是什么促使他改变职业方向，由此开始我们的访谈。埃德温说，是安东·鲁珀特（Anton Rupert）博士代表董事会邀请他加入集团，因为伦勃朗集团决定让公司创始成员的第二代加入到公司中来。于是埃德温和约翰·鲁珀特（Johann Rupert）以及他的一个表兄弟应邀加盟，任职从1983年1月开始。"当然，我要不要转行是有争议的。"他说，"当时，我认为这与家里办农场是同样的道理，要么让下一代子承父业，要么委托职业经理人来管理。"最终他决定先试3年，"看看会有什么样的发展"。对于医生而言，这样的转变显然是个"巨大的跨越"，因为当时伦勃朗集团主营卷烟生意，也涉足酒业。"我不知道对伦勃朗集团会有什么助益，但我决定一试，便去工作了。"他觉得也许自己应该先去读个MBA学位或者获得正规的商务资质，但是鲁珀特博士告诉他，他学习的时间已经够长了，"这里有人会在你需要时帮你。这里还有书和杂志。继续吧"！

埃德温很快将他的医学背景融入商业世界。他开始研究在西开普敦省建立私立医院的可行性。为了全面理解这个想法，也许可以说是强调埃德温的梦想，有一点值得一提，那就是在20世纪80年代，一些公立医院提供了最好的医疗技术和服务。但是，埃德温还是说服了伦勃朗董事会批准他的提议，在开普敦北部郊区建立120张床位的帕诺拉玛全科医院（Panorama）。那么建私立医院的想法是怎么来的呢？埃德温解释说，他还在私人诊所行医的时候，曾向他的9位搭档提议，建立自己的非住院手术诊所，内设两个手术室和一个咨询室。他在此前已经做了可行性调查，并为他的搭档们提供了可行性报告。但是"9个人中有8人立马反对这个想法"。有过这种经历后，1983年考虑到该地区大量增加的医疗服务需求，埃德温的一群专科医生同事便从北部郊区来到伦勃朗集团考察此类医疗投资；之后，埃德温应要求就建立有120个床位的医院做了可行性陈述。

这个计划最终被接受，伦勃朗集团为此提供了一笔资金。埃德温说，这是他幸运的突破口。他继续开展建新医院的市场调查时，得到了许多支持，最终他建立了拥有325个床位的帕诺拉玛全科梅迪（Medicilinic Panorama），而不是原计划的120个床位。

到1986年，梅迪集团开设了7家医院，并在约翰内斯堡证券交易所上市。但是1987年全球股市突然暴跌，梅迪的股价因此受到负面影响。更为不利的是，梅迪集团并没有实现预期的盈利。他们是如何渡过这个难关的呢？埃德温说，因为在上市时并没有盈利的历史，"我们不得不做一个5年的盈利预期计划。在最初的

3年,我们远未能实现预期盈利"。每年他都需要向失望的股东解释他们的新股弱势现象,努力让他们重拾信心。幸运的是,梅迪在第四年和第五年成功实现了预期盈利,并且"在整个5年间,突破了预期的盈利总额"。

随着集团的持续扩张,他们在南非各地的城镇建立或收购医院。但在埃德温的家乡斯坦陵布什镇却没有他们的医院,因为他的父亲和鲁珀特博士反对在那里建医院。那么,他们后来是怎样成功地建立梅迪斯坦陵布什的呢?埃德温说,他父亲和鲁伯特博士认为,由于小镇的历史性建筑风格和"所有居民的思维模式",斯坦陵布什社区会坚决反对建造大型的新式建筑。除了可以预见的来自社区的反对之外,他们也会惹上很多麻烦,"因为患者也会过来抱怨,反对在那里建医院"。但是埃德温和他的同事始终坚持他们的立场:这是他们的工作,他们知道自己正在做什么。许多专科医生都非常喜欢在斯坦陵布什镇行医,他们相信这个镇提供了非常好的机会。尽管有反对,他们还是在那儿建立了医院,"并且幸运地成功了"!

2007年,梅迪集团收购瑞士的赫斯兰登(Hirslanden)医院集团,迎来了下一个巨大的飞跃。这是一次量变,使梅迪集团的规模增长为原来的两倍。不过,这个并购决定的背后有一个战略准备阶段,决定也符合长期战略的发展。埃德温解释说,他们在2005年已经意识到集团不可能在南非再有大规模的扩张。首先,本土市场太小;其次,竞争委员会出台了一些政策来限制扩张。"因此,我们开始考虑也许我们需要在地域上进行多样化。但是我们始终记得我们热爱自己的企业,所以不会想在我们的核心业务以外进行业务的多样化。"

因此,他们开始在其他国家寻找机会。在西开普敦省梅迪医院工作的专科医生建议他们考虑迪拜。"我们和他们一起去了那儿,并且迈出了第一步。"埃德温说,他们在迪拜已拥有两家医院和8间诊所。虽然"企业规模不大",但给了他们"一点信心,向外部世界展示了一下自己"。因此,当2007年收购赫斯兰登医院集团的机会突然出现时,他们已经有所准备了。埃德温解释说,赫斯兰登目前是瑞士最大的私人医院集团,拥有该国私立医院差不多40%的床位。

从一个建立120个床位医院的计划,发展到在4个国家拥有9 000多个床位、4 000名医疗专科医生的集团,这是一个极大的成就。我问埃德温,他们是否达到了最初建立梅迪的愿景。他说,他们一直坚信必须干好本行,"必须要盈利,并且必须为股东以及我们运营医院的社区创造价值"。他又说,他认为衡量一家公司更好的方法是看它所雇佣员工的数量,"因为这显示出你作为雇主得承担多少责任,有多少人要依靠你。目前,我们有23 000多名员工"。

在他的演讲中，埃德温时常强调梅迪集团所提倡的"科学护理"。他说，这是他内心看重的东西。"医学的发展表明，因为科技的进步，全世界医生所提供的医疗服务得到极大的提升。换句话说，新科技、新设备和新药物的开发是基于已被统计数据证明的科学研究。不幸的是，在梅迪之外有许多服务商和产品供应商将人们领入歧途，盘剥他们。"梅迪集团告诫员工要"科学地"照顾好病人，提供"人们希望医院该有的护理以及友善的帮助"。

关于提供最具成本效益医疗服务的全球性争论看来还要持续几十年。我很感兴趣听埃德温讲他对南非国家医疗保险方案（South African National Health Insurance Scheme）的看法。他说，医疗保险体系就是金融体系，而我们目前体系中公共服务方面的问题在于提供的服务太差。提升服务需要良好的设施、设备以及数量充足的专业人员和高效的管理。"我们可以对医疗体系投入更多的资金，但这并不一定能产生更好的服务。"不过，令他高兴的是医疗保险体系将在足够长的时间内分阶段实行，并且会推行试点项目。埃德温认为，未来几年医疗体系发展可获得许多经验，须做不少调整。

埃德温内心里仍然是一名医生，他对人有着与生俱来的责任感。他是如何看待医生在社会中的领导作用的呢？他认为，医学训练要灌输"谨遵科学思维、服务人类同胞"的教诲。因此，人们倾向于将医生视为榜样人物和领导者。"社会发展靠榜样人物来带动，医生大多都知道自己肩负的责任，我对此毫不怀疑。"但他们确实做得不够，因为他们没有足够时间履行作为领导者的义务，"但是他们中的很多人都准备去承担这样的社会角色，并且为此腾出时间"。以他自己为例，他已经到学校治理机构任职，在斯坦陵布什大学担任了10年理事会成员，其中包括一段时间的主席。他认为理事会的任职丰富了他的经验，"我很高兴这么做"。起初我曾想，我是一名麻醉师，而1982年的伦勃朗集团已是商业巨头，我们会有什么交集呢？后来我发现，对人类的极致关注和高质量的医护服务使得两者融汇成梅迪集团。我发现很难想象有人会预料到一个彻头彻尾的医生可以把这个集团建成如今这个样子。尽管埃德温是一个十分成功的企业家和商人，但我相信他对人类同胞求医问药的关注在梅迪集团的辉煌成就中发挥了巨大的作用。鲁珀特博士说得对，埃德温不需要MBA学位来帮助他取得巨大的成就。

埃德温将他的领导方式描述为"情境领导"。领导人必须能够通过他们所面对的特定情境来定位自己。"我在梅迪集团的28年里，经历过许多不同的周期和时期。我认为你的领导方式必须适应环境，找到自我。我喜欢将此比喻为高尔夫球手，因为我自己是一个狂热的高尔夫爱好者——你的袋里有一套球杆，不同的球杆针对不同的球洞。在打某个特定的洞时,你需要决定哪根球杆最上手,能够帮你取得最好成绩。"

为什么他推荐医疗领域作为职业选择

- 医学非常有趣,发展快速,处于技术最前沿。
- 医学是一个非常广阔的世界,有着不同的专业领域。不管你是专科医生还是全科医生或是医疗官员,都有众多的机会。
- 你"几乎可以在世界上任何国家的任何一个镇子里"行医就业。
- 这是令人满意的职业,不仅可以为你自己和你的家庭,而且还可以为整个社会创造价值。

◀ 第十一章　尼克·弗洛克 ▶

数核车队管理公司创始人、执行主席

采访于2011年9月13日播出

尼克·弗洛克（Nick Vlok）在兰德阿非利加大学（Rand Afrikaans University，约翰内斯堡大学前身）获得商学士学位，主修交通经济学。1985年，他用2 000兰特创办了自己的车队管理公司。数核公司（Digicore）于1998年在约翰内斯堡证券交易所上市。现在，这个车队管理和车辆跟踪技术集团的业务遍布6大洲，有1 000多名员工。担任一段非执行主席后，尼克回到执行主席之位，一直任职至今。

数核公司的成长是个创业故事：有人创办了企业，然后上市；它是公司上市之后股市马上下跌的企业之一。然而，和其他20世纪90年代末期的大多数科技公司不同的是，数核公司发展至今没有倒闭，而且市值已达数亿兰特。

1985年，年轻的尼克仅用2 000兰特的初始资本开创了他的车队管理公司。尽管公司规模很小，但从公司成立开始，他们每个月都能付清所有的账单和工资。这使他感到骄傲。许多新建的企业在初创的6到12个月期间倒闭。我想从尼克那里知道他们在刚开始的几年里的工作重点是什么。他说，1985年之前他就接触过车队管理行业，这对他帮助很大。因此，他有可用的客户基础，与供应商也有良好的关系，允许他赊账。这点十分重要，因为"你要知道，2 000兰特根本办不了公司"。他回忆起他们是如何辛勤工作的——"每天干18小时，每周干7天"。他们的价格十分公道，他们的服务"绝对超乎想象"。服务方面，他们与众不同的是，为客户上门服务而不是让客户把车子开到车间来。

1985年到1996年间，公司建立后重点放在增长上。这样做的出发点是因为外部资本不太好拿。他们不得不用自己的资本。10年间他们是如何保持持续增长的呢？尼克说，他们坚持一开始所用的"秘诀"，这些方法大部分都促进了增长。对于并购，他们"对风险评估，当然还有对交易获益的权衡非常谨慎。作出决定后，通常就是'去银行融资'"。他补充说，你的房子成为抵押赌注后，"会迫使你更加努力地工作，考虑问题也更加仔细。我们把自己的家产资本化，这对公司发展也起了作用；但我们还是要承担风险，因此要竭尽全力"。

20世纪90年代末见证了企业发展的新阶段。许多公司办了多年，来到了十字路口，要决定前面的路该怎么走。通常有两个选择：要么按原来的速度增长，要么下决心大飞跃。数核选择了后者。1998年12月，这个决定促成了集团在约翰内斯堡证券交易所上市。当我问为什么选择上市这条路的时候，尼克解释说，他意识到他的公司需要全国性的网络渠道，需要已经问世的新技术。但他们需要现金实现其计划。他说，上市的最低限度也许是"为一些股东兑现一些股值，但这主要是为了发展，为了将所需的技术和现有的产业结合起来"。

成功上市后，美国科技泡沫爆裂，结果是科技股猝然破灭。数核的股票一度下跌至每股0.17兰特，于是有人谣传南非的科技公司在劫难逃。大部分新上市的本土科技公司纷纷倒下，但是数核存活了下来。他们与很多其他倒闭的公司有什么不同呢？尼克认为，"区别在于他们持续投资科技。我们清醒地意识到我们必须在这个特定行业保持领先地位"。他承认公司到了2000年经营很艰难——"那时我们的现金流不是很好"。尼克说，那年他们有"一点儿幸运"，因为他们与德比斯公司(Debis)达成交易,接手了南非电信公司大约20 000辆车子的管理业务。"这如同给我们打了强心剂,使我们在接下来的10年真正能保持增长"。

有意思的是,成功的企业经常会谈及运气。不过,仔细分析一下,应该是用合适的价格提供合适的服务来推销合适的产品,还要有毅力,然后才会有那种运气——运气是创造出来的,是打拼得来的。

我想重点讨论一下公司上市,随之而来有什么挑战,为什么数核能东山再起而其他的公司却折戟沉沙。尼克的思绪回到上市,"这当然很不可思议,因为我们一下子有了很多可支配的现金,因此前一两年公司进展很顺利"。另一方面,这也带来了许多问题。例如,因为有多家公司入股数核,尼克一下子有了14名董事,而这些董事每个人都有自己的一套。一旦现金用完,震惊之余"我们回到现实",使他们重视"金钱积少自然成多"的哲学。尼克说,这是他们一贯的原则,"你要留意资金储备,现金非常重要"。他认为,数核的成功在于直到今天公司始终恪守他们的"秘方":员工忠诚,工作努力,服务优良,持之以恒开发新产品,保持市场第一位置。

过去几年有什么重大事件?在回答我这个问题时,尼克选了上市这件事。2008年,他们的市场资本超过20亿兰特,"这显然是件大事"。在讲述他们成功故事的时候,他强调了一个事实——他们"完全是用南非的技术"与全球同行竞争,在英国的投标中击败了像泰晤士水务公司(Thames Water)、皇家邮政(Royal Mail)以及英国铁路网(Network Rail)之类的本土公司。至于国内的交易,他认为和南非警察署(South African Police Service)的合作是一个里程碑。同澳大利亚必和必拓集团(BHP Billiton)的交易也包括在里程碑事件里,"事实证明这是一个极大的挑战,但被我们克服了"。

谈及他们的公司,其发展历程跌宕起伏,尼克不断强调"恪守秘方,做生意要讲道德"的重要性。数核经历了重重艰难险阻,然而,尼克和他的团队每次都成功地战胜了挑战。他们的"秘诀"多年来一直为他们提供有效服务。

给年轻的企业家的建议

- 确保你获得了教育资历。"我会建议你读商学士学位或类似的商科学位。有金融学背景十分重要,即便是在科技公司里,这一点多年来在我身上已得到验证。"

- 选择自己喜欢的行业。"我的感觉是你最好在自己喜欢的行业里工作3年左右,一直到你真的确信你已做好创办企业的准备为止。"

- 必须有竞争优势。"至少你必须知道,在这个行业里你怎样才能出类拔萃,否则你不可能做到高人一筹。"
- 必须准备好"投入时间",头几年要坚持住;不要浪费金钱,要积蓄现金以克时艰,因为"那些困难的日子定会来临"。
- 做生意一定要守住道德底线,不管困难有多大。

◀ 第十二章　怀特·巴松 ▶

食品零售商夏普莱特集团总裁
访谈于 2011 年 9 月 20 日播出

怀特·巴松（Whitey Basson）在西开普敦省的波特维尔（Porterville）长大。他在斯坦陵布什大学求学，获得注册会计师资格。1971 年，他加入了佩普百货公司（the Pep Stores）。1979 年，佩普百货公司收购了夏普莱特集团（the Shoprite group）在西开普敦省的 8 家连锁店。现在怀特是夏普莱特集团的总裁，他的集团在 17 个国家有 1 300 多家企业门店和 460 家特许经营店。

如果说有家公司可以为自己在非洲各国成功做生意而自豪，这毫无疑问就是怀特·巴松所领导的零售业巨头夏普莱特集团，它有自己的夏普莱特集团和切克尔斯百货公司（checkers）。如今夏普莱特集团的这一成就已得到业界公认，而很多其他公司在该行业的投资却连连受挫。

怀特从注册会计师开始自己的职业生涯，他为什么会转行到零售业呢？我问他1971年为何跳槽到佩普百货公司，怀特解释说，他从来都没有真正打算做一名会计师。他甚至曾考虑过学医，可能因为当时在他的家乡波特维尔，医生总是"开着最漂亮的车"。最终他还是选择读商学学士学位并且成为注册会计师。他在会计公司工作时，特别喜欢去见他们的零售公司客户。另一个让他转行到零售业的原因是他的父亲是个开酒店的农民。"因此，我从小就接触买卖交易。"总之，他说他"不经意中知道了零售的一些门道"，并且"很喜欢他的零售客户"。

1979年，佩普百货公司收购了夏普莱特集团在西开普敦省的8家连锁店，夏普莱特集团开始小规模经营。而现在，这家集团在17个国家有1 300多家合作商店、460家专营店，营业额超过85亿兰特。我问他，创业初期的他是否曾想过公司会有今日规模？"想过，而且不止是如此规模。"他立刻回答我。那时佩普百货公司就已经决定开拓潜在的食品零售市场，并且考虑过诸多模式，比如寻求海外合作伙伴等。"我们考虑的都是大规模、快速增长的模式。"

在商业领域，我们会看到很多公司在发展，但却从没有真正壮大起来。它们达到一定规模后便停滞不前。我问怀特，他们是如何把一个8间商铺的团体发展成"真正的玩家"的。他说他们所做的其实就是"玩"。"我们很爱玩。这就像几个年轻人在勇敢尝试——大多拥有良好的零售知识以及其他适用的学科知识——我们与当时在西开普敦省最大的对手斗智斗勇；我们玩丛林战争，玩猫捉老鼠的游戏。"他说，那是一段令人激动的时期，我们从小本生意起步，与商界巨头竞争，我们不断取得成就。每当你在某些方面取得胜利，你"就像打了针不可思议的兴奋剂，告诉自己进入下一步"。

1997年，公司的发展迎来了巨大飞跃。经过反复讨论，他们仅用1兰特从当时的南非啤酒公司手里买下奥克大市场（OK Bazaars）。这项用1兰特收购一家拥有150家店铺的商业集团的交易轰动一时，但是很多人都忽视了一个事实：当时的奥克大市场每天亏损近100万兰特，33 000个工作岗位岌岌可危。那么他们是如何遏制亏损，使商店起死回生的呢？

怀特说，最起码他有其他并购案例的经验。佩普百货公司兼并了这些公司并使他们扭亏为盈。除了半价百货（Half Price Stores），还有阿克曼百货公司

（Ackermans Stores）和大市场（Grand Bazaars）的一些店铺，"并购切克尔斯百货公司无疑给我们上了很重要的一课，因为在切克尔斯百货公司和奥克大市场这两个收购案中，它们的损失都几乎超过我们的盈利"。因为他们有并购整合切克尔斯百货公司的经验，所以兼并奥克大市场并不算"太离谱"。

他说人们总是在谈论那1兰特收购案，"但那只是合同上的一个印章而已；实际上这笔交易与人们想象的完全不同"。虽然他们做好了接管奥克大市场的准备，但仍然"伤透脑筋，因为你每天要亏损那么大一笔钱，你得快马加鞭，奋力工作。但这并不意味着我们怕并购，也不是说我们不相信自己有能力扭转局面。

夏普莱特集团的主要成就之一就是在非洲取得了成功。除了南非，它还在其他16个非洲国家开展业务。他们在非洲做生意有什么秘诀呢？拖垮其他公司的各种障碍，夏普莱特集团为何能成功克服？而且面对这些障碍，为何还能应对自如？怀特半开玩笑地说，"我不知道"，接着又严肃地说，"你要从我们的背景来看待这个问题。我们的文化是从零开始、改变现状、处理问题、克服困难。我们不会去接手一家制度明晰、配备性能良好的电脑，有着漂亮办公桌的公司。我们习惯于团队作战，一起去做出改变，而且非洲存在着很多小公司都会碰到的问题"。其实，非洲遍地是小企业，也许我们只是找到了更易于解决问题的方法——而不是说我们已经克服了所有问题。每天依然要着手处理上千个问题，并且通常要走繁琐的程序。

怀特认为，他们与其他进军非洲的零售商的区别在于他们在那个时候已经"相当专业"。"如果你在库鲁曼（Kuruman）开店但却住在开普，那么你就已经学会了过河。"总之，他说正是因为"有了行业兼并模式以及在这个行业里一点点摸索不断摸爬滚打出来的员工"，才使他们更加轻松。

我问怀特，他是如何在西开普敦省的办公室里成功地管理夏普莱特集团的1 300家连锁店的？他直言不讳地说："我并没有去管理。"不过他很快解释说事实并不像他所说那样夸张。在夏普莱特集团，"企业内部有非常完善的纪律结构"。没有人会去染指他人的事务，但他们坚持"非常重要的一点，就是不能失去自己的创业技能"。其实并不是他管理着1 300家商店和95 000名员工。他每月一次或更频繁地走访不同的地区。这些地区的商店都是独立管理，有自己的常务董事、财务董事和其他员工。"所以当管理结构最终建立后，你管理的就是许许多多的小企业，它们一共有95 000名员工。"

怀特喜欢顺路去逛逛夏普莱特集团和切克尔斯百货公司的门店，特别是在他度假的时候。"我有个坏习惯，很爱去看看门店，"他承认道，"我的这一爱好可以确认商店运营是否正常。"如果他没有顺路去看看这些店铺，"那就会经常有人顺道来看我，告诉我有什么问题"。怀特说，他的一位同事评价他的管理风格是"从后门悄悄进去检查"，其最大的特点是"不按套路出牌"。

我在准备这次采访时，通读了夏普莱特集团的一些年报。这些年报反复提到改善员工的工作和生活环境，以及夏普莱特集团每年创造 5 000 到 7 000 个新工作岗位，我对此印象深刻。他们是怎么将改善员工的工作和生活环境的目标付诸实践的呢？怀特说："从集团建立第一天开始，这就是我们的政策，而且给员工带来改变、给他们提供更好的机会，这也非常符合我心中所想。""如果员工的子女有胜任工作的能力"，他们予以优先录用，而且"确保公司所有员工都能得到认可，可以提升到更好的职位"。

集团里有好几千人都是"从公司底层的货架收捡员干起，现在坐上了很高的职位"。对怀特来说，"最令人欣慰的事情"是他们中一些人的孩子现在成了医生、教授。"你知道你在帮助他们成长、为他们提供机会的过程中出了力"。"这让与你一起工作的人对你效忠，并且当你某天经过某人身边时，他会向你介绍他的妻子和刚完成学业的儿子。"他很珍惜这些，并对此感到满足。这让他感觉很棒。

当我们讨论努力工作的意义时，怀特评论说，努力工作并不意味着"蛮干"。但他认为生命中的每一天你都要努力工作，有问题要迅速解决。不立刻解决问题就像"橄榄球比赛中在25码线处要带球触地得分一样"。我们通过电话完成交易，然后确定合适的交易方式，这样就不会有任何遗留问题拖而不决。所以我们根本不用那套可怕的学究型思维，因为它会导致一事无成。归根结底，我们做的是"处理问题，解决问题，画上句号，一了百了"。

我问及2010年他被斯坦陵布什大学授予荣誉博士学位的事，作为访谈的结束。这种认同对他有何意义？他回答这个问题的时候，眼里透着深切的感激之情。他的声音掩饰不了这样的事实：这位叱咤风云的国际商界大亨将此视为重大的荣誉。他说："难以想象，像我这样来自农村小镇的普通人，靠自己的努力，在大学里成绩也还可以，能够得到教授们和大学管理层的认同，说这小子不错，足以代表我们大学，可以颁给他荣誉博士学位。"

怀特回忆着他在毕业典礼结束后是怎么回家的，他心中想着"我爸爸一定会为我感到骄傲的"。由此你会意识到改善人们生活这一目标一直会是怀特的夏普莱特集团的文化。

他推荐零售业作为职业选择的原因

- 从财务角度看，这是个很好的行业。"大家可以赚很多钱。"
- 这是一个很令人享受的工作，"你可以在很多不同领域从事这项工作——从地产到电脑科技再到采购"。
- 你可以自由地"去做事情，去创造"。
- 这不仅仅是一个白领的职业，因为"你前一刻还在搬箱子，下一瞬间你就必须去签个大合同"。

◀ 第十三章 约翰·范泽尔博士 ▶

桑勒姆保险公司董事长
访谈于2012年1月18日播出

在农场长大的约翰·范泽尔(Johan van Zyl)拥有两个博士学位,一个是比勒陀利亚大学的农业经济学博士,另一个是维斯特大学(Vista University)的经济学博士。在他的学术生涯中,他曾是比勒陀利亚大学农业科学院院长,之后又担任了比勒陀利亚大学的校长,还在美国密歇根州立大学担任过教授。他的国际化经历还包括担任世界银行农村发展协调员。2001年,约翰进入私企,先是在桑塔姆(Santam)担任董事长,之后在桑勒姆保险公司(Sanlam)担任董事长至今。自从2003年约翰接任桑勒姆担任董事长以来,该公司的市场价值增了5倍,而桑勒姆也再次被视为行业市场的领导者。

2003年，约翰被任命为桑勒姆保险公司董事长，在跟他谈任命以来公司及其发展情况之前，我想先跟他聊一聊他一生中的另外两件事：农业和学术生涯。

一开始我就问他如何看待南非农民。他认为，多年来"南非农民建立起了令人难以置信的产业，是南非经济增长的真正先驱"。虽然这个国家的农民面临着特殊的挑战，但他们仍做出了骄人的成就。他特别强调了农民务农所处的环境：对农业来说，南非的气候并非风调雨顺，并不是最适宜作物生长；基础设施也存在一些问题；并且我们远离国际市场。既然如此，他还会推荐年轻人去从事农业生产吗？"任何时候都会。"他毫无保留地说。粮食是必需品，而且"价格不断在上涨，因为世界人口在增长而粮食却越来越少。所以机会是存在的"。

不论在国内还是在美国，约翰都是一个成功的学者，最终还当上比勒陀利亚大学的校长。是什么促使他决定从学术界转行到商业领域呢？约翰解释说，他年纪不大就成了大学校长，但在他看来，这份工作更适合快要退休的人来干。"大学的工作年复一年、重复性很强，我不想这辈子就这样过。我当了5年校长，我认为这已经够长啦，该退下来让位给别人了。"

他有没有发现他所教的南非学生和美国学生有什么不同？约翰说，在某些方面各地的学生基本上都一样。他们想玩得开心，想少劳多获。但是，在他看来，南非学生所处的环境独一无二。"别人所学的东西遥不可及，发生在世界其他地方，但对南非学生来说，很多事情就发生在家门口：比如转型、经济变革和政治变革。"他认为我们的学生"处在有利地位"，认为南非人在国际上的成功可以归功于他们"拥有更宽广的阅历"。"别人必须学习的很多东西对我们而言是天生就知道的。我认为这真的是南非人的特权。"

约翰的简历显示，他是在2003年3月31日任职桑勒姆公司。为什么选这样一个不寻常的日子呢？他笑着承认说，其实他本应该在4月1日愚人节那天开始工作，但他不希望成为"愚人"，"既然你不知道未来会是什么样子，所以我认为从3月31日开始更安全"。

2003年的桑勒姆公司根本不像现在是市场领导者；公司2011年的股价是他接手时的5倍，光从这点就可见一斑。我想知道约翰是如何完成使公司起死回生的任务的。他说，首先你只要打好你手上的牌。每个人都希望有手最好的牌，但生活不是这样的。"在你开始走路并最终学会慢跑之前，你必须做一切可能的事，一小步一小步地来。"桑勒姆公司有明确的发展路线和理念，知道其目标是什么，因此当他们设法进行改善后，"前面的机会大大增加"。约翰强调了一个事实，转变并非单一努力的结果。"管理一个公司就是管理一群人。这需要耗费极大的精力。管理公司是让众多员工都作出贡献,说穿了就是给你特权,让你能成功地与他人合作。"

他特别强调人的重要性,因此一开始那几年,为了强化团队,他相应地做了许多重要的任命。他用汽车这类有形产品为例子,来说明在金融服务业中拥有合适人才的重要性。"买车时,你可以坐到汽车里,去感觉新车的味道,然后你知道你要买下那辆车。但是做金融不一样,我们没有可以向你展示的实物。你会想,我们的产品是什么样的呢?你只不过和那个坐在桌子对面的人一样,他承诺帮你投保理财,大致内容通常是在你死后我们会向你的家人兑现付款。干我们这一行重在承诺,所以你需要优秀的员工。没有最优秀的人才,你就不可能在金融服务业获得成功。"

帮这么多南非人理财是怎么做到的?约翰说,第一件事就是把客户的钱当作自己的钱,不要去投机冒险。看看桑勒姆你就会发现,不管是为了客户还是为了我们自己,我们从不冒巨大的风险或是想快速致富。"他们努力降低客户的风险,如果他们不得不冒风险,他们必须确保那是可行且能获得回报的,而且还必须符合客户的胃口。我认为这可能是最重要的。"

桑勒姆是一艘大船,载有许多雇员和无数不同领域的不同专家。他会怎样形容自己的管理风格呢?用学术语言来说,"我会说有点像博采众长,但是通俗来讲,其实就是杂七杂八"。约翰说,"你得把控事态,但又必须给员工机会,给团队机会"。他的学术背景是农业,他不是精算师,这就意味着他不可能知道一切。你必须依靠各领域的专家,你身边必须有合适的人。约翰不任用心态消极的人。"你要用心态积极的人,用想做事的人。"他们是同你一起打拼的人,你得给他们机会。

约翰有两次在南非以外工作的经历,那么他会推荐他人去获取国际经验吗?他说,对他个人而言,国外工作的价值在于发现我们每天在南非奋力打拼,其实世界上其他地方的人们也在处理相同的问题。"我们并不像自己想的那样独特。南非有很多令人愉快的事,但要是有国际工作经历,你看世界的视角会更广,你也会把自己与其他地方所发生的事情做些比较。"我问约翰在甄别那些具有领导力和有潜力的雇员时他看重什么品质,什么品质使成功人士有别于其他人?他说,毋庸置疑他们必须具备某些品质,比如可靠、守时。但是当你近一步看那些即将脱颖而出的人,看那些"给你创造超乎寻常业绩"的人时,你会发现这样的人是凤毛麟角。"你要寻找的是那些不时有新想法的人,找创业人士。即使是在官僚气息较浓的大企业中,那些创业者也会给你灵感,所以你要为他们创造机会,创造额外的条件,并为此做些额外的工作。那是真正有价值的东西。"

　　采访播出之后，我接到约翰那位效率极高的私人助理阿尔玛丽·福里（Almarie Fourie）的来电，请我们给桑勒姆一份录像副本，"因为公司雇员都为他们的老板感到十分自豪"！我认为，在10来年时间里，极少有人曾掌舵国内最大的大学之一，也掌管过国内最成功的金融服务集团之一。桑勒姆的员工和客户有充分的理由为他们的董事长感到骄傲。

给年轻人的建议

- 你必须为自己设定目标，要志存高远。"你经常会惊讶地发现，原来很高的目标是可以实现的。"
- 你必须制订计划。"事情不会平白无故发生，如果没有计划，你将不知所终。"
- 你必须努力工作。这就是说你要获得真正的成功"必须比别人更努力一点"。

投资原则

- 大多数退休人员没有多少钱，这不是因为他们做了错误的投资选择，而是因为他们开始储蓄的时间太晚。
- 不要过早停止工作。"60岁退休已成历史，是人们寿命不长那些年代的事"。不要退休了事，给自己另找份工作，做些其他事情——这样的机会很多很多。
- 不要把钱投到你认为可以快速致富的项目上；你不应该拿你的退休金去赌博。
- 关注投资组合的风险和平衡度，这样即便有小问题，退休金也不会受损。
- 找个专业咨询师。记住，"如果他承诺过多，那他就不是个好咨询师"。

◀ 第十四章　安德雷斯·范·赫尔登 ▶

矿企阿非利马特董事长
访谈于2012年1月25日播出

安德雷斯·范·赫尔登(Andries van Heerden)在前波切夫斯特鲁姆大学(Potchestroom University)获得机械工程师资质,继而取得斯坦陵布什大学商学院的MBA学位。在南非伊斯科(Iscor)钢铁公司开始自己的事业,又在包装行业干了一段时间后,在2001年加盟普里马矿场(Prima Quarries)。这是第一家进行露天采矿的企业,后来发展成阿非利马特(Afirmat),成为约翰内斯堡证券交易所上市的建筑材料和工业矿石供应商。

事后回忆起来,每次采访都有其特点。对安德雷斯的这次采访,体现出导师的作用;他锁定榜样,让他们在他人生关键时刻不时地指导他,为他带来成功。我们的谈话使我想起一个事实,我们所有人的职业生涯都从榜样和导师身上受益。也许很多人会否认这一事实,要么是故意或不经意地,要么根本没有意识到这些人发挥的作用。也许这与态度有关,要不要让他人在自己的发展过程中发挥作用?不管怎样,安德雷斯强调并承认导师在他成功过程中扮演的角色。

身为机械工程学学生,在求学期间,他开始意识到导师的启迪作用。他强调了哥哥的榜样作用。哥哥年纪轻轻就晋升教授,而且"还是全球有名的计量经济学家"。那时,哥哥的事例说明,"一个人如果努力工作,加上严格的训练,并且愿意牺牲自我,勇于担当,就能获得成功"。

毕业后,安德雷斯在伊斯科公司担任工程师。他的第一位老板马迪(Matie von Wielligh)是他的另一位导师,后来在他的企业中扮演了重要角色,并成为阿非利马特的董事会主席。安德雷斯觉得自己"非常荣幸"能在埃利斯特拉斯(Ellistras)杰出的管理团队下工作,因为埃利斯特拉斯"当时是伊斯科钢铁公司的旗舰矿"。他高度评价从马迪身上学到的领导才能。马迪对他们这些年轻工程师十分有兴趣,"而且非常信任我"。安德雷斯说,"他经常逼我做一些我自己都认为不可能做到的事,而这些事情对年轻人树立自我形象、展示从业能力特别重要"。

20世纪90年代后期,他离开采矿业到包装行业就职,并在2000年获得工商管理硕士学位。安德雷斯解释说,这些行为背后的动机是他梦想着"最终投身商界,成为企业家"。在伊斯科,他作为工程师进步很快,并且不断被委以重任,"但是几乎学不到企业管理其他方面的知识"。除了金融和人力资源管理,他觉得有必要学习市场营销,而这在矿产品公司并不被看重。转行到包装公司使他获益匪浅,使他"很好地了解了整个公司全面的运作"。

2001年,安德雷斯进入普里马矿场,这是一家露天采矿的公司,后来他成为公司常务董事。但是,在这里追求梦想会让他丢掉工作。安德雷斯解释道,2003年普里马矿场决定在采石业缔结第一份黑人授权协议。"那时,我们看到了机会,而且国家的参与让我兴奋不已。但是,这个过程意味着我们必须在约堡证券交易所上市。"但这不是普里马矿场的股东们真正想要做的,结果股东和安德雷斯意见不一,分道扬镳。"这对我来说真是非常、非常糟糕",安德雷斯形容这是他人生的低谷,是他遭受的巨大打击。"头一天我还是公司的常务董事,自己觉得蛮成功,且备受好评,然而毫不夸张,第二天我就被解雇啦。"

不过他强调他从这次挫折中学到了很多。他知道了"可以栖身的幸福家庭的重要性",给予积极支持、可以依靠的妻子的重要性,还有"重整旗鼓"的重要性。他说:"如果马儿把你掀翻在地,躺在地上是没用的。你必须尽快回到马鞍上,策马扬鞭,而这也是当时我们努力在做的。"

40岁的安德雷斯发现自己意外失业时,又一次有一位导师发挥了重要作用,帮助他重上马背。这个人是劳里·科斯腾(Laurie Korsten)。他立刻给安德雷斯提建议,帮助他克服消沉,让他积极参与到一个新项目,帮助安德雷斯实现梦想。劳里帮助安德雷斯收购兰卡斯特集团(the Lancaster Group),使之与普里马合并组成一个新公司——阿非利马特。安德雷斯说,劳里"不仅是早餐中的鸡蛋,还是早餐里的培根,他帮助我走向成功"。

在一系列并购后,阿非利马特现在是约堡证交所上市公司,营业额超过10亿兰特,有1 600多员工,市场价值6.5亿兰特。这就是安德雷斯的梦想吗? 他说:"这是一部分。我们还在前进。"他引用了苹果公司共同创始人斯蒂芬·乔布斯的话,"如果你不是在忙求生,就是在忙求死。"在安德雷斯看来,"我们一直在求生,我们还在成长,这是梦想的一部分,看到梦想正在一步步实现令人激动"。

安德雷斯强调拥有梦想追求的重要性,但也指出,有许多人就在梦想要实现之前放弃啦! 我请他说详细点。他解释说,在追寻梦想的道路上人们总会遇到挫折。也许是法律条文的改变,也许是第一次融资就失败,然后就用这些打击作为借口放弃了梦想。他强烈认为,不应该过早认输。"如果你知道某些事情行得通,也知道会有什么作用,那就去做,坚持不懈,不要放弃。"但是你也要面对现实,鞭打死驴是枉费心机。如果你的计划不可行,你要"直面残酷的现实",就如当代著名的管理专家吉姆·柯林斯(Jim Collins)所说,你得意识到你必须放弃。在安德雷斯看来,归根结底是要运用准确的判断力。

2009年,由于经济衰退,建筑行业和相关行业陷入困境,信心严重受挫。身为处在漩涡中心的公司总裁,最终他成功让企业渡过难关。他是怎么面对这些挑战的? 安德雷斯认为,在如此困难的时期,当人人对自己和公司的前途忧心忡忡时,身为领导者"要昂首挺胸,让大家知道希望在前",这一点至关重要。领导者总览全局,他们的肢体语言在很多局外人看来是一个信号,要么公司要完蛋啦,要么还有希望。如果你的肢体语言运用得当,你就已经成功了一大半。第二,领导者应该注重现实,熟知带领员工走出困境的正确道路。安德雷斯说,这意味着你要认真听取员工的意见,尽可能多地搜集公司外部的建议,还要对哪些意见可采纳、哪些建议可忽略有正确的判断。"然后你可以指明出路,人们也会相信你可以带领他们走出困境。"

我们问及基础设施建设对南非的发展有何贡献，以此结束我们的谈话。安德雷斯认为，可以从2010年举办国际足联世界杯中汲取经验。在他看来，最明显的是大家有成功举办世界杯的共同目标，并为此激动万分。那场活动有组织、行动目的明确、有纪律、有秩序。"我们都关注同一件事。"安德雷斯认为，"在南非我们面临的主要挑战是要达成"那样一个共同的目标"，"使我们明白努力方向、接受训练，并让全国来支持这一共同目标的实现"。紧接着，"我们要一丝不苟地、有条不紊地实施各项要求，朝更好的管理制度发展，特别是在经济领域。经济搞好了，我们就可以创造就业机会，克服面临的种种挑战"。

管理哲学

- 安德雷斯的管理哲学有两个支柱：授权有能力的员工，用合适的方式做合适的事。你不可能让二流甚至三流球队的选手去参加顶级联赛。你必须拥有才能出众、无须监督也能出色完成任务的员工，但是你必须放手让他们去干。"团队里即便有最好的员工，如果束缚他们的手脚，不让他们恰当地履行职责，也是没用的。你要保持恰当的平衡，赋予员工权力，但也要有纪律和组织上的观念。"

- 你必须知道每种状况下哪些是应当作的正确之事。"你的重点应该是什么？哪些事有价值，哪些事只是浪费时间？"以"正确的方式"做事是指质量而言，"专注细节，确保各项工作妥善、完整地完成，达到预期结果，而不是半途而废"。

成功的关键

- 了解自己——"上帝赋予我们每个人特殊的天赋和才能。发挥运用你的才干。确信你选择了自己有特定才能的领域作为职业"。

- 自我约束——"确保你对自己的一生有规划，而且生活自律。"

- 拥有导师，向别人学习——"没有人通晓一切。你可以学习的人越多，获得理想结果的可能性就越大。"

◀ 第十五章　休伯特·布罗迪 ▶

帝国集团总裁
访谈于2012年2月1日播出

休伯特·布罗迪(Hubert Brody)的父亲是医学博士。他学会计的决定纯属偶然：有人对他说，如果你真的不知道要学什么，那就去做会计师吧。从斯坦陵布什大学毕业后，他在银行干了13年，最后3年是在帝国集团(the Imperial Group)下属的帝国银行工作。2007年，休伯特出乎意料地被任命为帝国银行的总裁。在全球金融危机冲击下，他接手上任。很多观察家预测，他还年轻又缺乏经验，要经历磨难。但是休伯特令市场震惊：至今帝国集团仍旧是南非最成功的集团之一，市场价值超400亿兰特。在他的带领下，帝国集团完成了它最大的国际并购。

我之前与休伯特打过交道，知道他通常很严肃，面对采访往往会感到不自在。然而，经过几年的观察，我见证了他应对媒体的自信逐渐增加，也许部分原因是他本身就是一个非同寻常的故事。在10年不到的时间内，他从一个工业集团中默默无闻的会计一跃成为南非顶尖企业的领导者之一！

我们的采访从他在银行业13年的工作开始。在银行的工作经历对他的成功有何影响？休伯特形容这是一个"很好的培训学校"，他选出两件事，后来证明对他很重要。一件是他有机会看到资产负债表，并对银行的财务进行管理。他说，后来在帝国集团，"正确处理这些报表至关重要"。另一件是他从向企业发放贷款的经验中受益匪浅，使他"了解成功企业该如何发展，并学会发现企业的潜力要看哪些方面"。

如果不提及帝国集团的传奇创始人，那么与集团总裁的谈话就不可能完整。1971年，27岁的爱尔兰人比尔·林奇（Bill Lynch）来到南非。当时他一贫如洗，也没有工作。随着时间的推移，他把一个破产的汽车经销店转变为南非领先的工业集团之一，拥有40 000员工、市场价值达300亿兰特。2006年，林奇成为第一位获得安永全球年度企业家奖的南非人。我想把休伯特带回到他刚加入集团的2000年，请他谈谈对当时林奇带领下的帝国集团的印象。

休伯特说，帝国集团"创始时规模很小，但是不断有新理念出现并得到尝试，经过一次次的尝试，公司成为非常非常大的集团"。他说，租车生意的开始"是一个不可思议的美妙故事"。公司有些多余的汽车，于是他们就问自己："这些车能派什么用场？"卡车和面包车的租赁业务就是这样来的。休伯特说，帝国银行的历史也同样是个美妙的故事。他解释说，比尔和他的团队认为，就车辆的融资而言，其他人从帝国集团身上赚的钱太多。"我们干了销售汽车的所有苦活累活，不过集团认为每年还有一大笔数量不小的收入应该归我们自己。"休伯特说："比尔注意到了这个商机，最后他说，让我们闭上眼，想一想怎么弄个银行执照来，然后我们大干一场。"当然，事情远比他们想象的复杂，休伯特补充说。

2000年，帝国银行的资产为15亿兰特，这意味着它只是一家"小微银行"。比尔告诉管理团队，10年后银行资产将达到500亿兰特。"我们对此将信将疑，毕竟这怎么可能呢？"管理层如是说。但是比尔"激励员工，描绘出那幅宏大的画卷"。2010年，他们把帝国银行作为一个非常成功的企业卖给莱利银行（Nedbank），售价550亿兰特。

在病魔的长期折磨下，比尔·林奇于2008年初逝世。但在2007年集团就已决定任命年轻的（媒体用的是"缺乏经验的"）休伯特·布罗迪继任总裁。休伯特本人是否也像其他南非商界人士一样,对这任命感到惊讶?

"对于这样一个职位,任何准备都是不充分的,"休伯特承认,"一开始真的很困难,因为有太多新东西要学。"他强调在这样的境况下身边团队的重要性;你要确信这个团队可以达到新的高度。尤其在那时,他必须确信这个团队可以带领集团走出这个极其艰难的时期。"我深信我们有非常强大的团队——大家在各自的领域都有精深的知识——而且我相信,如果有人正确指引这个团队,实施一些必要的结构调整,我们就会有光明的未来。我一直对此深信不疑。"

再没有比休伯特接任的时机更糟糕的了:全球金融危机的冲击,经济衰退,帝国集团股价缩水一半。最严重的是,帝国集团欠债约200亿兰特,而银行收紧钱袋不愿放款。对于新上任的总裁来说,这种境况给"跌落无尽深渊"这句话赋予了新的含义。我的问题很简单:面对这样的困境该怎么办?

休伯特说,首先要制订计划。作为管理团队,他们早已详细讨论过该制订什么样的计划。因此,他们对帝国集团重构后会是什么样子了然于心,这就是不论付出任何代价都要达成的目标。"我们没有想到的是全球信贷危机在这时出现,更多其他的问题接踵而来。无疑这让我们的进程更加艰难。"不仅仅是他们这个企业"需要治疗,整个世界都在经历艰难时刻"。从员工的角度看,要定期与员工交流,告知他们公司前进的目标至关重要。休伯特强调一次又一次重复同样信息的重要性,最终这些信息被深深灌输到员工内心,他们开始采取相应的行动,把自己的决定与公司目标结合起来。"所以说,最关键的要解决好内部事务。"

休伯特成功做到了只有极少数人才能做到的事。短短几年后,帝国集团就重回盈利轨道,又一次成为投资者的宠儿。回首刚担任总裁的最初几年,什么让他印象最为深刻?

他举了这么一件事。"我们必须作出一系列重大决定,为集团创建合适的基金会,这些事情同时进行。而一般来说,你得一件一件地做。"他承认要作出那些激进的决定很困难,"但是我们选择了非常优秀的基金会,选择了一批优秀的企业作为集团的基础,有汽车行业、物流行业以及相关行业的企业"。我们也根据现金流是否充分进行遴选,选择那些不论是在南非还是在全球都有长远发展前途的企业。

在休伯特带领下,帝国集团正在进行前所未有的大型收购。他一直坚信"创业精神"这一座右铭。怎么才能在规模如此巨大的组织中培养创业精神呢?

休伯特解释说,帝国集团是由许多小企业组成的。"我们经常称自己为联邦。举例来说,美国实际上由50个自成一体的州组成,各州根据统一的宪法进行治理,然而各州内部有相当大的自主权,就帝国集团来说,众多的小公司也有自己的独立权限。"如果员工在自己的企业有独立工作的权限,而且能真正掌控自己的工作环境,就能产出最好的结果。"这就是创业精神,"休伯特说,"给员工足够的自由,让他们在企业内真正实现梦想。"

现在我明白帝国集团董事会为什么会选择休伯特。在这场采访中令我印象深刻的不仅是休伯特面对镜头从容自若,更是他分析一切问题时表现出的冷静、平和以及逻辑性。他所有的决定也是这样作出的;很明显,采访现场一点儿混乱或者时不时靠近的电视摄像机都不会使他乱了阵脚。我想,比尔·林奇的在天之灵若能看到现在日益强大的帝国集团,定会感到骄傲的。

休伯特的领导原则

- 对一个组织的高层领导来说,充沛的精力和高度的自知之明是最重要的品质。此外,要能听取意见并且愿意对此采取实际行动。
- 在帝国集团,他任用那些"发现机会时能把握机会,并且能发现新机会的员工"。
- 掌握所处行业和企业的发展趋势。

帝国集团的成功原则

- 绝不要让大型的交易改变企业的基因。这里的基因是指"企业的所有文化——那些激励员工的方法,人们从事日常工作的方式"。他们从未将"损害公司活力的官僚文化"融入帝国集团的企业文化中。
- 大型的交易总须为正确的战略意图服务。

◄ 第十六章　路易斯·范德瓦 ►

阿特伯里地产集团联合创始人、总裁
访谈于2012年2月8日播出

路易斯·范德瓦（Louis van der Watt）11岁时做成了他的第一笔房产交易，16岁时赢得了彼尔德/拉波特青年企业家奖（Beeld/Rapport Young Entrepreneur award）。他就读于比勒陀利亚大学，获得注册会计师资格。1994年，27岁的路易斯和弗朗索瓦·范尼克尔克（Francois van Niekerk）成立了现在的阿特伯里地产集团（the Atterbury Property Group）。这个集团拥有的资产超过100亿兰特，其中，包括南非最大的购物商场和大型开发项目。2009年，路易斯获得南非科学与艺术院为杰出企业家颁发的克里斯托·威斯奖章（the Christo Wiese Medal）。

以观众数量和反馈来衡量,这次采访无疑是最受欢迎的访谈之一。其中大部分要归功于路易斯在访谈中采取的不拘形式的轻松状态。

路易斯在书香门第的家庭中长大,他的父亲弗利普·范德瓦特(Flip van der Watt)是比勒陀利亚大学的神学教授。然而,路易斯对商业情有独钟,他11岁时便开始做房产生意。这听起来几乎难以置信,我想听他自己说说他的第一笔生意是怎么做的。路易斯说,当时他在上4年级,那时分时段享用度假别墅的概念刚刚在推行。他看到一些分时段度假计划中提供整周销售的项目,他注意到某一周的价格标错啦,那一周只有德兰士瓦学校(the Transvaal schools)放假而全国其他地区的学校都不放假。那周的售价很低,而所有其他假日周的价格都很高。"我买了其中的两个星期,"路易斯回忆说:"我只付了订金,一个月后我收到一个通知说他们的价格标错了,现在是双倍的价格。于是我就卖了它们,这就是我挣的第一笔钱。"

对于销售人员来说和这样一个年轻的客户做生意一定是非常震惊的。路易斯说,他仍然记得,当有客户光顾他家,销售人员通常会问他的父亲是否在家,因为他们以为约的是他父亲。然后我父亲会应声而出,说:"不,不,跟那家伙聊就是,你们找的是他。"然后,他们会显得非常惊讶,但过了一会儿就习惯了。

大学期间路易斯学习会计,获得注册会计师的资格。见习期间,他结交了来自盈富泰克(Infotech)的审计客户弗朗索瓦·范尼克尔克,他们在房地产上有共同的兴趣。路易斯在比勒陀利亚发现了商机,"那里的市政土地和一些房屋土地已经变成可以买卖"。他意识到这是"极好的地产",于是问弗朗索瓦如果他们买了地产他是否会提供担保。弗朗索瓦同意担保。"我们做了一些其他产权交易,然后一起决定建立阿特伯里,地产公司就是这样来的。"

5年后,路易斯才在阿特伯里招录新员工。谈到后来的成功,他认为最初这些年非常重要。在他看来,你需要大约5年时间来获得经验,"了解是什么让你蒙受损失"。他认为自己是幸运的,公司有发展。在此期间,他与路易斯·诺费尔(Louis Norval)和内诺·哈塞布勒克(Neno Haasbroek)等人一起,从他们身上他学到了"很多东西"。最初几年,路易斯做簿记、出租和项目管理,"但我认为很有必要,因为5年后什么位置需要什么样的人你一清二楚",而且他认为这有助于他以后委任合适的人。

没有多少人确切地知道从一开始他们需要什么。正如路易斯所言:"我知道很少有人刚开始干一行立马就能做对事情。我不能告诉你这5年里我们犯了多少错误,但5年后你开始明白了。"

现在集团的地产总额超过100亿兰特,在他们的投资组合中,包括知名品牌如清水购物广场(Clearwater Mall)、花园路购物中心(Garden Route Mall)、林伍德桥(Lynnwood Bridge)以及米德兰(Midrand)的大型项目,等等。显然,他们已经成功地做对了很多事情。路易斯认为,其中的一个成功要素是根据一个独特的模式让员工成为股东。

在他看来,阿特伯里有三样东西不同于其他大多数公司,其中之一是他们"一开始就给员工股份"。路易斯说,他从经验中学到,如果有人要为自己的股份工作,"那么他为自己的后半生着想,认为公司会给他些什么",并且他有权做某些事情。"如果一开始就把股份给员工,他会非常感激,在公司期间他不仅忠诚而且认为他应该给公司作奉献,于是他会不停地多付出。"

做审计工作的那段时间里路易斯非常懊恼,因为审计员要工作到深夜,工资微薄,"而有的合作伙伴下午4点就离开办公室去打高尔夫球,然而却拿全额工资"。在阿特伯里第二件与众不同的事情是每5年要"重置"一次。路易斯解释说,每5年公司要买回所有员工的股票,然后看看"在那一刻员工发挥的作用怎样。所以,在那时努力工作的人会得到最多的股份"。如果你想在某个阶段少干些活,不会有问题,但是"你必须接受在下一个'重置'期你的股份会变少。因此,工作期间,你会得到应得的股份"。

阿特伯里第三点与众不同的是他们不太看重资质。有些关键岗位的员工完全没有相应的学科背景。路易斯提到一些例子,比如一位师范生现在是一个高级项目经理,一个学体育的女士现在是公司的主管,而注册会计师并不一定是在财务部门工作。"但他们都有一个共同点,即他们都有令人难以置信的直觉判断力,对公司无比忠诚。"他们工作热情饱满,无须任何人去监督,路易斯认为这是因为他们是股东,"对他们来说公司的成功非常重要"。

这种持股的信念如此强烈,甚至惠及员工的朋友和家人。路易斯说,当一些员工和曾就读同一所学校的朋友参加烤肉野餐会,其他人就会说:"你谈起公司兴奋不已,但对我们一点用也没有,因为我们一点股份也没有。"所以到了一定时候,阿特伯里的员工被告知他们的朋友和家人也将有机会购买投资公司的股份。"于是那些人都买了股票,因此我们所有的朋友现在都成了股东。我想这些股票在过去5年几乎增值了4倍。现在我们要是有烤肉野餐,大家都很开心,而不只是一半人开心。"

引人注目的是,阿特伯里着手在做的许多项目有合作伙伴参与。这种原则是他们战略的一部分吗?路易斯说,你找来自己已经有公司的人,然后让他们去做所有的事情，但是由于时间和员工的限制，个人能做的事情是有限的。"我们已经看到，有了合作伙伴，我们就可以这样快速发展，因为你可能会突然同时获得四五个机会。"但我们也意识到，"只有合作伙伴也有利可图，事情才会好办。"路易斯说，他们经常接到一些人的电话，说他们有一块地皮，而且听说"我们口碑不错，可以一起"开发这块地皮。他认为这是基于这样一个事实：他们绝对不会与不太优秀的伙伴做交易，而且他们也不介意这个伙伴是否能一直合作下去。"在我们的很多发展案例中，我们的合作伙伴一直是股东，你可以打电话给他们中的任何一个，他们对这种合作伙伴关系都非常满意。"

阿特伯里的商业模式不同于其他大多数地产公司，阿特伯里是开发地产之后继续拥有地产。其实，在阿特伯里地产集团内有两家公司：阿特伯里地产控股公司（Atterbury Property Holdings），负责开发项目；阿特伯里投资控股公司（Atterbury Investment Holdings），负责投资。其他的房地产开发商不去拥有、管理自己开发的地产，路易斯认为这是一个错误，因为这削弱了企业的质量传承。"如果时运不济，你赚再多的钱也没用，"他解释道，"那么你真的是需要一份资产负债表，使你还能借钱，继续有收入，帮你度过艰难时期。"

我想从路易斯那里知道为什么阿特伯里逐渐向南非以外的地区发展。他说，第一个原因"仅仅是出于多样化需求"，因为国内机会在缩减，而且"在每个城市已有太多的购物中心"。第二，"像我们这样的公司在南非做生意太难了"。在纳米比亚和加纳，他们与这些国家的政府合作，而南非政府对这种伙伴关系不感兴趣，也不可能与你建立这种关系。他觉得这是具有讽刺意味的。路易斯拿农业做了个比较，"越来越多的农民开始在刚果或莫桑比克经营农场，就是因为国内的条件太糟糕了，我认为这是很悲哀的"。路易斯说，他不知道未来几年会发生什么，"但是当像我们这样的创业者更愿意在国外创业时，我想应该有人会注意到，然后去呼吁：难道我们的政策不应该变一变吗？"

在年度报告中，阿特伯里强调了公司的社会责任。他们在实践中如何履行这一责任呢？路易斯说，他们"眷顾国内说阿非利加语的群体"。公司成立时，他和弗朗索瓦创立了阿特伯里信托基金（the Atterbury Trust），为负担不起大学费用的年轻阿非利加语学生提供助学金。他估计，以这种方式他们已经资助了大约250名学生，"其中一些人已成为审计员或律师"。此外，他们还为比勒陀利亚西部地区学校的部分教师支付工资，在那里他们还支持建设一所幼儿园。路易斯说，归根结底他们的参与是为了帮助贫穷的阿非利加人，确保他们获得机会，"因为我认为他们在这个国家的机会在减少，因此我们要关心他们"。

集团决定在比勒陀利亚东部郊区林伍德桥开发区兴建世界一流、有400个座位的剧院,我向路易斯询问这个决定背后的原因。他说,首先,在与一些艺术人士的交流中,他们注意到,在国家补贴的剧院,演出阿非利加语的作品变得越来越难。阿特伯里认为,如果他们自己建一个剧院,"那么我们想要上演什么作品,就不需要征求任何人的意见;虽然不仅仅上演阿非利加语作品,但能决定演什么不演什么真的不错"。

促使他们做出这个决策的第二个原因是,"去剧院看演出的实际上已经没有了"。人们不再开车去国家大剧院看戏,因为在市中心他们感到不安全,所以阿特伯里将剧场建在比勒陀利亚东部,"每天晚上剧院都爆满"。路易斯说,"难以相信有多少人涌向剧院,剧院又是怎样助力社区发展。除了看戏,戏迷们在外面吃饭、花钱,所以剧院的背后有着更崇高的理念。同时我们也从中赚钱,那也是理所当然的"。

要知道,你与某个熟知自己业务的人士交谈,而他所说的一切听起来是那么合乎逻辑,这通常意味着他的商业模式是有效的,是经过深思熟虑的。与他在门洛帕克(Menlopark)的同学尼古拉斯·克鲁格(Nicolaas Kruger)一样,路易斯是我采访过的年轻人之一;这两个人表明年轻一代中产生了企业家和商业领袖群体。这个国家需要更多的路易斯·范德瓦!

房地产行业的成功法则

- 不要太急于想赚钱,房地产是长期的投资。
- 不要过早卖掉房产图利,因为那些挺过困难时期的人,接下来会赚得盆满钵满。
- 绝不要因为别无选择落到不得不出售房产的地步。"因为当你被迫变卖资产时,你在交易中只能获得次优结果。"
- 房地产是长线投资的原则应该成为公司文化的一部分。所有的员工都应该意识到"保持良好财务状况更为重要,即便在他们的个人生活里也是如此。先做到这一点,然后再去考虑豪车、奢侈品吧。"

◀ 第十七章　奥尔特曼·阿勒斯 ▶

汽车玻璃公司格拉斯菲特共有人、执行主席
访谈于 2012 年 2 月 15 日播出

奥尔特曼·阿勒斯（Altmann Allers）毕业于帕尔男子高中（Paarl Boys' High），他父亲是那里的老师。之后，他就读斯坦陵布什大学，他获得注册会计师资格。1996 年，加入如今由他接管的格拉斯菲特公司（Glasfit）。该公司有一个由 130 多家装配中心组成的网络。奥尔特曼是路易斯韦尔葡萄酒庄（Louisvale wine estate）的共同拥有者，也是金狮橄榄球联盟（the Golden Lions Rugby Union）的共有人和副总裁。

我们的谈话从教育开始，于教育结束。奥尔特曼的父亲是一位教师，其他家庭成员也从事教育工作，因此，他对教育有着浓厚的兴趣，并且认为高素质的教师和完善的教育体系对人的发展、社区的发展和国家的发展至关重要。

如今，很多人有中学学历甚至学士学位却仍然找不到工作。他说，恢复"大学入学许可资格的质量"可能可以解决这一问题。奥尔特曼指的是教师在社会中的作用，在这个商业化的环境中教师的影响日渐式微，"他们不再有昔日的社会地位"。在他看来，目前我们正"坐在火药桶"上，因为进入教育系统的优秀教师远远不够。"我们必须培养这样的教师：积极进取，乐意从教，并能意识到这是一项长期的投资。"他们的劳动成果要很久以后才能见分晓，而大部分人甚至不会得到任何荣誉。奥尔特曼深感教师在社会中可以发挥更大的作用，因为目前很多的资源管理极不完善。

在斯坦陵布什大学学习期间，他参加过男子宿舍橄榄球队和各种各样的社会活动。大学毕业后，他成为注册会计师。我想让大家看一下他职业生涯中加入格拉斯菲特担任财务负责人的时刻。那是在1996年，6个月后公司濒临破产。奥尔特曼承认，这对他是"巨大的震撼"，尤其是因为格拉斯菲特在1995年已成为南非的非上市股份公司。他们的处境使他意识到，许多赢利的成功公司，同样也会"犯重大管理错误"。格拉斯菲特的问题，原因很简单，就是"现金流配置不当"。从这件事中他总结出经验教训，"赚钱的公司并不一定是成功的公司。成功的公司要长期拥有良好的现金流"。

2000年，奥尔特曼和管理团队的其他成员决定自己买下公司。为什么要接管一个濒临破产的公司呢？奥尔特曼解释道，这个管理团队包括他本人、布瑞·斯托尔克（Brian Stolk）、吉恩·福凯（Jean Fouché）和巴里·米勒（Barry Miller），在那时他们已经合作了一段时间。他们认为，格拉斯菲特这家当时的控股公司并没有真正实施其长期战略，如果独立的话他们可以为公司做更多的事。

格拉斯菲特集团已经发展成为非常健康的企业。它们已经扩大了业务范围，作为服务商为互补性的企业提供服务。把一些在管理、索赔处理和客户服务方面提供专业技能的企业组合起来建立数呼公司（Digicall），我问他们是怎么做到的？他说，这实际上是他们的"电子分公司"，负责格拉斯菲特集团的行政事务。他们一直认为，他们在这方面可以做更多，但那时管理团队中没有所需要的专家。不过，他们任命威廉·德克拉克（Willem De Clercq）当总裁后，他凭一己之力将数呼公司发展壮大，来自格拉斯菲特集团的业务不到10%。奥尔特曼认为，他们对数呼公司所做的就是他们"不做强制性要求"。他们改进了在格拉斯菲特内部使用多年的基本系统,然后"将它们应用到格拉斯菲特集团以外的行业,从而吸收了外部客户"。

如今,格拉斯菲特集团拥有一个由130多个设备中心组成的全国性网络。为什么他们的模式行得通呢?奥尔特曼说,格拉斯菲特控股公司"主要提供企业管理和金融资助,而老板则提供对服务性组织至关重要的创业精神。与经理相比,老板自己加班要容易些,因此一天下来,你会从老板那儿得到更好的客户服务"。

奥尔特曼成功地将一家濒临破产的公司变成了一个欣欣向荣的企业。他在乱象中发现了机会并抓住了它。然而,在一般情况下,他觉得人们准备着机会的到来,但当机会出现时却未能抓住它。奥尔特曼进一步解释说,在某个时间段,我们都会有机会,然而我们经常让它溜走。他提到许多人的故事,他们事后会说:"要是我当时进行了投资,或者作出了决定,或者接受了那份工作该多好。"奥尔特曼认为未能抓住机遇可能是出于恐惧。"我们不是天生的冒险者,也许南非白人的基因就是这样。"另一方面,对于美国人来说,企业的开创和倒闭是"很正常的事"。在南非我们创办个公司得花很多时间,奥尔特曼认为"行政审批的繁文缛节"也是个障碍。结果是,当机会真地出现时,我们好像宁愿选择安于现状,而不愿意抓住机会。

除了机会,他对运气在商业中的作用有何看法呢?奥尔特曼说,运气的确有相当大的作用,就像在橄榄球比赛或运动会上,它往往决定着比赛的结果。裁判的判罚有时对你有利,有时对你不利。这就是生活和商业运作的方式,"但我也相信你可以创造自己的运气"。

我想听听奥尔特曼对做生意的看法,以及为什么有的人在谈判中有时会失去判断力作出草率的决定。他认为,"这是头脑发热啦"。你变得如此兴奋,以至于忘记了"所有事先确定的周密部署",你只想竭尽全力一把揽下生意。他说,这是非常危险的,因为最后你可能会因为错误的原因而不得不决定继续交易。谈到自己的职业生涯,奥尔特曼坚持认为,"我做过的最好的生意就是那些没做成的交易"。

奥尔特曼在西开普出生长大。然而,他却选择加入约翰内斯堡的金狮橄榄球联盟,甚至成为联盟的股权投资者。为何一个西部省队的球迷会如此狂热地支持金狮队?奥尔特曼解释道,当他搬到北部地区时,还是西部省队和风暴队的狂热球迷,但在某些时候你必须决定:"你到底在哪里?你受人瞩目的立足之地到底在哪里?"10年后,他意识到他的未来和他的家人是在豪登省,"所以我决定开始支持当地的球队,也就是金狮队"。

支持一支球队是容易的,但是把相当大的一部分资本投入到一个体育联盟中要另当别论。作为金狮橄榄球联盟的投资者,奥尔特曼对体育管理,尤其是橄榄球赛的管理有什么看法?他认为"肯定有缺陷",这些缺陷与"从业余时代沿袭下来的行政结构"有关。奥尔特曼说,20世纪90年代中期,我们进入专业联赛时代,"但不幸的是,行政体系中保留了许多业余组织"。因此你会发现,"体育部门的很多决定,特别是在橄榄球管理部门,是由当选职位的人来决定的,所以你可以理解现在也有了橄榄球政治。如果制定的决策并不是最好的橄榄球商业决策,那么其后果最终将对橄榄球赛产生深远影响"。他认为,提高管理水平"就要让更多的专业人士和专业的公司参与橄榄球赛的管理"。

他是否相信投资体育可以赚钱呢?奥尔特曼说,大多数人会说投资体育事业并非明智之举,但他不以为然。如果"我们不能扭转这种局势",不能让投资体育有钱赚,那么我们或许还是应该尽快放弃投资的念头,回到业余时代。他相信投资体育的确可以赚钱,但是"你必须确保你像经营企业一样来管理它,而且你不能让所有这些业余的或者政治性的决策影响你的财务目标"。

在采访的过程中,奥尔特曼强调在体育比赛中"差点赢"和"差点输"的小差异:两者是如此接近,但结果却是天壤之别。"差点输"的比赛不会有什么问题,但"差点赢"的比赛多了之后会产生很多问题。在体育界和商界中,这种差异可能很小,但一系列的"差点胜利"绝对抵不上一次"差点败北"。

我们回到教育话题来结束谈话。奥尔特曼再次提醒,如果南非不能解决素质教育的挑战,我们将面临一个会公开爆炸的火药桶。因此他采取措施,在母校创立基金,以这种办法吸引并留住高素质的教师。如果我们不能解决这个问题,将来某一天我们的孩子会不会议论纷纷:新南非是怎么"差点获胜"的?

给企业家的建议

- 强调公司治理和行政管理——"如今许多企业并不知道它们在特定阶段的实际财务状况,原因很简单,它们没有很投入地去完善行政系统,于是良好的公司治理无法实施。最终,公司将负债累累而倒闭。"
- 永远恪守诚信——"这是我们非常看重的。我们认为,在一天结束时,你所拥有的一切就是你的名声。你卖什么产品或提供什么服务都不重要。最重要的,只是你的名声。"

◀ 第十八章　艾米恩·舒尔茨 ▶

生命雕塑美甲国际公司企业主、总裁
访谈于 2012 年 2 月 22 日播出

　　艾米恩·舒尔茨(Elmien Scholtz)对美容业做了研究,发现南非市场缺乏高质量的美甲产品。她在国外也找不到符合她标准的产品。回到南非,于 1989 年在东门(Eastgate)开办了自己的第一个美容护理中心。开发了生物雕塑品牌(Bio Sculpture)的系列美甲产品,畅销南非,并在 1994 年开始出口。如今,艾米恩在位于自由州克洛可兰(Clocolan)小镇的总部,经营着一个国际商业帝国。生物雕塑产品出口到 40 多个国家,影星珍妮弗·安妮斯顿和歌星维多利亚·贝克汉姆等名人都是她的客户。除了众多的其他荣誉,艾米恩是 2011 年安永世界企业家南非片区获奖者。

在安排采访时，我不太清楚能有什么收获。我对艾米恩的全部了解就是，她是当地的美容师、企业家，她因为其产品获得世界各地的奖项，从加利福尼亚到斯堪的纳维亚再到泰国的奖项都有。然而，在采访中令人印象深刻的是艾米恩对她的产品和公司的挚爱。

她对美甲产品的兴趣来自哪里？艾米恩说，当她在斯坦陵布什小镇上做美容培训时，她意识到尽管美甲已经是一个数十亿美元的产业，但仍存在很大的发展空间。市面上的产品仍然不尽如人意。"你可以选难以去除的重丙烯指甲，也可以选粘贴用的塑料指甲，当然还有指甲油，不过这些都对指甲起不到任何保护作用。"

艾米恩知道自己真正要找的东西，但她并没有找到满足她要求的解决方案。但这并没有阻止她。她卖掉了车筹钱前往美国，但却没有实现其目标。我想知道她回国后是什么感觉。艾米恩承认刚开始她很失望，"但这也为我开了一扇大门。要知道如果那时我找到了解决方案，可能到现在我还会在使用它，也可能现在只会有一个护理中心，但正因为找不到满意的产品，于是给了我机会去开发完美的美甲系统"。

回到南非之后，艾米恩结了婚，在东门开了一家美容院，向丈夫借钱开始研发自己的美甲产品。她以顾客和美容师的双重身份，就她所想象的理想护甲方法起草了一份质量意愿清单。经过深入研究，她开发了一款独一无二的用户友好产品。她的美甲方法与市面上可以买到的任何产品全然不同。就像艾米恩所说，"生物雕塑研发了世界上第一款永久指甲色"，"世界上第一款美甲凝胶"以及业界的很多其他世界第一。

不久，生物雕塑产品不仅在豪登省可以买到，也在南非一些大型商贸中心出售。1994年是她公司的重要里程碑，那年她开始向全球销售。艾米恩说，生物雕塑是国际社会对南非的制裁解除之后第一批开始出口的公司之一。起初，产品由20世纪90年代移民海外的南非人介绍到国外。现在，他们倾向于利用本地人从事特定国家的进口事务。她说，"我们就是这样开始国际业务的"。生物雕塑公司为人们提供开办自己公司的机会，艾米恩强调，"这种机会不仅仅是给那些进口商或者地区经理"。于是，小公司如雨后春笋随处可见，"根据去年的国内企业统计信息，我们发现依靠生物雕塑谋生的个体店超过168 000家，它们也雇佣其他人工作"。

现在，产品已行销40多个国家。这就是她的梦想吗？艾米恩坦言她"对产品兴奋不已，想与大家分享"。她总是说她想看到产品能行销全球，但她也知道要控制增长,"否则到目前为止产品已经销售到140多个国家了"。

你必须确保产品在出口目的国受到欢迎——尤其是涉及文化差异时。艾米恩解释说,"我们必须适应各种文化",在某个国家要销售生物雕塑之前,她们会做大量的研究。尽管有些东西,比如品牌"不能受损",但她们给予进口商相当大的余地去使用品牌,让每个国家都能最有效地推广品牌。

她的客户包括全球名人如凯蒂·佩里(Katy Perry)和瑞秋·史蒂文斯(Rachel Stevens),这一定给艾米恩带来了极大的满足。她说,的确如此,她们有一长串使用她们产品的名人名单。但看来让艾米恩激动的不是这些名人,而是她们的产品"对所有女性都有用",可以满足任何女人的特定需求,不管她们是什么职业或有着怎样的文化背景。

我注意到这样一个事实:这个全球认可品牌的总部设在自由州克洛可兰这个不起眼的小镇中。艾米恩说,她们最初搬到这个小镇是因为她的丈夫卡尔是名兽医,想为大型家畜看病,"但这也是我们喜欢的生活方式。我们真地想住这,而且土地对我们非常重要。"她补充道,乡村的生活方式给她们的生活带来平衡,因为她们都是大忙人。

我想与艾米恩聊一聊经商之道,重点是她的成功经验,而不是像其他很多失败企业家那样的教训。我们从企业的成长,从它如何获得融资谈起。艾米恩认为,没有哪家公司,尤其是在其初创时期,可以在"资金、高利息和债务的压力下"还能增长。因此她们选择了"较缓慢但更稳健的路线"来进行内部融资。她们首先专注南非的一部分地区,待这些地区的业务稳定之后,再向其他地区拓展。"然后我们用在南非积累的资金和利润,在第一个海外国家建立公司。"而第二个海外国家的公司靠第一个海外国家的资金建立,这就是她们持续遵循的商业模式。她认为公司的稳步增长是其"声名显赫的原因之一,因为外国人非常信赖我们的品牌"。

然而,在整个发展过程中,她总是把产品置于利润之前,并相信这是长期成功的关键原则。艾米恩说:"如果你总是想着赚钱、赚钱、赚钱,你肯定不会去做研发,因为研发很费钱。"比如研发新的颜色时,"如果你一定要去弄清楚耗费了多少钱,那你可能会走捷径,或用其他便宜的东西替代,这样你就永远做不到最好,你也永远得不到最高的质量"。艾米恩强调公司只需关注最终的产品与质量:"有了努力付出,自然会财源滚滚。"

谈及有创业想法和成为创业者这两者的关系,她认为有好的创业想法的人有时会有不必要的犹豫,付诸行动之前先等其他人的认可。"如果你总是想等别人的认可,到头来可能得单干。"她警告道,"所以如果你看中一件事,就放手去做吧"。说到她自己的情况,艾米恩说她是个女人,而生物雕塑是为女性提供产品。她知道自己需要什么样的产品,"如果某款产品适用于我,那么一样会适用于其他女性。尚未研发的产品也是如此"。她认为这一原则适用于任何领域。"如果某些东西在市场上买不到,但你想要,那么其他人也会想要。那就不要等啦!"艾米恩认为南非的扩张、增长和出现新生创业者的潜力依然巨大。然而,人们经常抱怨条件不具备,觉得有问题而不去把握机会。"抓住机会,把它做成功!"

采访时,有时很难理解采访对象和企业的成功。产品或服务在这个采访中如此凸显,让我们的访谈听起来更像是在做市场营销或公关聊天。在做艾米恩的访谈时,我们面临的挑战是要把控她对产品的热情。但随着采访的深入,我意识到这种激情有其强大的商业智慧做支撑,而她商业的成功更多的不是靠机遇。全球市场是她挥洒激情的舞台,艾米恩就是这样一位著名的企业家。

给创业者的建议

- 保持专注——"保持积极的态度,开启智慧。"
- 向他人学习——"这比承受自己犯错的后果要好得多。"
- 坚持研发——"要保持领先,这非常、非常重要。"
- 培训——"不管你提供何种产品,只有用得上才是好的。"
- 你的人成就你的事业——"我说的人,指的是你的供应商、你的员工和你的客户。你要倾听,听听他们要说什么,因为单靠你一个人干不了。"

◀ 第十九章　路易斯·福里 ▶

城堡投资公司共同创始人,逻辑滤波商务咨询公司创始人
访谈于2012年2月29日播出

路易斯·福里(Louis Fourie)是火车司机的儿子,生长在东兰德卑微的环境里。他在兰德阿非利加大学(现在的约翰内斯堡大学)获得了经济学硕士学位,是第一批《商务24》商报经济学家年度竞赛的获奖者。1994年,路易斯成为城堡投资公司(Citadel)的共同创始人。在他的领导下,该公司发展成了南非领先的财富管理企业。2006年,他卸任城堡投资公司以及佩里格林(Peregrine)金融服务集团执行主席,创立了逻辑滤波商务咨询公司(the Logic Filter)。这是一家独立的商务咨询公司,为年轻的专业人士和新兴商业领袖提供人生导引和个人指导。

20世纪90年代中期，有成堆的保险经纪公司提供基本的理财服务。由于他们的建议主要关注人寿保险产品，他们更像是兜售传统保险产品的贩子。然而，其中一家公司成功转型成一个提供全方位金融服务的集团，专门为有钱人进行理财规划和财富管理。这家公司就是城堡投资公司，由路易斯合伙创立，后来他成了公司的执行董事长。到2012年，城堡投资公司代理的客户资产超过了200亿兰特。

在同一市场里，城堡投资公司与其他公司有何不同？路易斯解释说，"1994年前后有个稍纵即逝的好机会"，那时发生了两件事情。首先是养老金分配的改变，"人们第一次可以全额支配其退休储蓄。40年来，大家已经习惯了每月做预算，突然有人把几百万兰特放在他们面前，说现在你可以用这笔钱做任何想做的事了——只需记住，这笔钱要维持你后半生的生活"。突然间，咨询的需求量很大，不懂理财的人面临着许多潜在的困难。

1994年前后，城堡投资公司迎来了第二次机会，旧政府大量的公务员拿到了解雇补偿金，他们也需要投资建议。"但对城堡投资公司来说，这些机会只是百米冲刺的第一步。"路易斯说，剩下的99步得靠我们自己去跑。他们用一种系统化的方式建立起公司，通过尝试"不同的方式"使自己与竞争对手区分开来。路易斯说，他们告诉自己"让我们从支付透明化开始做起吧"。所以从第一天起，"我们向客户展示他们所投资产品的确切信息，这在当时是闻所未闻的"。路易斯认为那是一个突破，即使在立法变化了的今天，这也是相当罕见的。随着费用逐渐透明化，他强调指出城堡投资公司独树一帜的第二个方面是：提供与产品或机构脱钩的客观建议。正确的建议才是忠告，我们据此建立了一个模型。

我很快意识到，路易斯的兴趣在于研究人以及人类的行为。他的客户大多是非常成功的人士，那么在他看来是什么让一些人比其他人更成功呢？路易斯讨论过两种类型的成功：短暂的成功和可持续的成功。他说，"在与客户互动时，首先令他惊讶的是，'可持续的成功者'是那些三十几岁前只专注一件事的人"。他们"不会不停地换工作"。他们20来岁时积累经验，然后作出决定，他们喜欢什么，在未来的30年要努力去做成什么。他把这类人形容为"在一个行业、专做一样事的人"，如沃伦·巴菲特和比尔·盖茨这些人都有此职业特点。路易斯说，"他们一生确实只做一件事，他们忘我投入，变得出神入化"。"可持续成功者"的第二个显著特征是他们有条不紊，而不会马虎草率。"他们生意做得很好——而且大多数人把工作以外的生活也料理得当"。他补充说，还有很重要的一点是"他们恪守诚信"。

成功人士30来岁时所作的决定有何重要性,这些决定对其日后成功起什么重要作用,我很想多听听路易斯关于这方面的看法。路易斯说,创业初期,在听与年长成功客户的谈话时,有些东西让他惊奇。30来岁时,他们作出关键决定,走的路要么错要么对。"30来岁时,你意识不到这点,认为你只是在继续你20来岁时的职业。我们每天都能在报纸头版看到这样一些人士的例子,他们35岁了还在做25岁时做的同一件事。但35岁时得到的结果是完全不同的。路易斯强调这样一个事实:30几岁是"一生中极其敏感的时段"。通常在这期间你有了年轻的家庭,或初为父母,事业也进入了快车道。在南非,如果你是天才,你年纪轻轻就会发现自己处在一个"肩负重大责任的平台上"。

我想把话题从成功转到幸福。路易斯是如何看待这两者的关系的? 它们是同一回事吗? 路易斯强烈地感觉到,大约7岁左右,社会就已经开始在培养我们了。你被告知,"如果你遵循成功的秘诀,下半辈子必将成功"。在你身上的一切投资都是为了成功,"特别是如果你有才华的话"。然而,遗憾的是,"在那段时间里,甚至连一个小时都没预留给幸福"。人们倾向于这样一个"难以理喻的承诺":"如果你成功了,你无论如何都会幸福,所以不用担心。"身为经济学家,路易斯惊讶于一个事实:许多经济学家晚年时在写关于幸福的书。"这就好像他们花了一辈子的时间明白了一个道理:如果你成功了,你就什么都有了这个承诺并不真实。你可能会成为亿万富翁,你的企业会巨大无比,但你的眼神依旧是空洞的。"

金钱能买来幸福吗?"钱是很滑稽的东西。"路易斯说,"所有我见过的研究显示,金钱一开始确实可以给你带来一点点快乐的感觉"。走路去上班不怎么好,"那么一辆排量1.3升的车足以解决代步问题"。但是一旦你要把排量1.3升的车换成3升的,两车的差异"并不能真正增加你个人的幸福感"。正如路易斯所说,"初期的那点钱可以解决极端的贫困,扭转劣势,但是没有人知道钱越多,边际效应减少越快。大多数人相信幸福和更多金钱之间存在线性关系,这是为什么有些人几乎工作到死的原因之一。他们在等着实现那个承诺"。

如今,路易斯专门为年轻的专业人士和新兴的商业领袖进行人生导引和引导,目的是让他们在生活的所有方面都取得更大成功,而不仅仅是在其职场上春风得意。于是,也就有了相信自己和自己的能力的问题。我问他自信与傲慢之间的界限。路易斯形容傲慢是到了这样的程度,当你照镜子时,"看到的东西比实际的更大"。傲慢会让你开始瞧不起别人,看不到良好的习惯和完美的过程,不再听得进好的建议。"傲慢的人身边都是溜须拍马者,于是那些能真正给他们好建议的人开始回避,因为很尴尬——傲慢的人总是觉得自己知道的更多"。10年后你的处境可能会很糟糕,"因为你已经变得如此固执己见"。

在整个采访中,很显然路易斯对成功和幸福做了深刻反思——他真心希望不仅要让人们成功,最重要的是要帮助他们过上更幸福的生活。理财经理要意识到,幸福对于成功的人生来说,比金钱更重要。我会更加留意路易斯将要出版的作品,他的观点真的很有道理!

给年轻人选择职业的建议

- 20几岁时要让自己有更多的自由,把它作为一个学徒阶段,有机会四处去看看,尝试不同的事情,以便决定你喜欢什么。
- 不要太过于依赖你所学的东西,认为它就是一切;这只不过是整个画卷中的一幢小楼而已。
- 注意你与生俱来擅长的东西以及你感兴趣的技术领域——这将是你下半辈子天生具有竞争力的地方。

职业生涯中的成功法则

- 专注一件事情,把它做到极致。
- 与最优秀的人结交——生活中要结交品行好的人,职场上要结交有能力、敢担当的人。
- 遴选各领域的最佳人选,给他们空间,让他们实现自己的高度。

成功投资的原则

- 没有什么能打败持续储蓄的模式。这不关乎钱的数额或工资的多少:经济独立80%由持续储蓄的模式决定,20%取决于投资决策。
- 不存在完美的投资决策这类事情;投资靠长期的自律。
- 不要动不动就借钱欠债。许多专业人士用他们的退休金去还债务的利息。
- 夺人眼球的高回报承诺要退避三舍;如果回报听起来好得令人难以置信,那就是假的。
- 事业要有成,"确保通过诚实、专业和努力的工作让你终生财源不断"。

◀ 第二十章　蒂斯·杜托伊特 ▶

加冕基金管理公司共同创始人，根源投资公司创始人
访谈于 2012 年 3 月 7 日播出

蒂斯·杜托伊特（Tys du Toit）在西开普省的邦尼维尔（Bonnievale）长大，小学时成绩拔尖。他在斯坦陵布什大学获得农学理学士学位，然后又以优异的成绩获得了 MBA 学位。在金融领域开始自己的职业生涯，之后蒂斯和几个同事于 1993 年合伙成立了加冕基金管理公司（Coronation Fund Managers）。1996 年，他成为总裁。在他的领导下，加冕公司成为南非最大、最成功的独立基金管理公司。如今，蒂斯在多家公司的董事会任职，管理着根源投资公司（Rootstock），这家公司重点是为有钱人家提供理财服务。

蒂斯现仍在积极参与邦尼维尔这个乡村城镇他曾就读学校的活动,这令我惊讶不已。他跟孩子们讲话时,喜欢强调一条原则:"你选择什么就会变成什么样子。"我们的访谈就由此开始。

蒂斯解释说,他这句话的意思是如果你没有雄心,那就不会特别成功。"我记得某位美国投资银行行长说过:要雇佣贫穷、聪明并且迫切想成功的员工。"蒂斯认为如果人们以这种方式去生活,"那么他们成功的机会就更大"。

蒂斯在农业环境中长大,现居斯坦陵布什小镇。他在先锋食品董事会就职,担任过南非领先的葡萄酒及烈酒生产商KWV的主席,所以他最初决定学农并不奇怪。但最后他是怎么进入投资和基金管理界的呢?

蒂斯说,农业"也许是南非人血液中流淌的东西"。当时传统的职业指导建议是,如果你擅长数学和科学,那么你应该攻读理学士学位。当他开始攻读MBA之后,他才意识到他真正的兴趣在投资,他想投身这一领域。

我想回顾一下1993年加冕基金管理公司的成立。在1994年推行新秩序、开始民主大选前夕,蒂斯和他的同事建立该公司。那时候,很多人认为并不是有信心创办公司的理想时期。毕竟,投资事关未来和决策者的信心。为了更好地理解他们的动机以及成功经历,我问蒂斯,他们为什么要作这个决定。

他说,尽管"这些事情难以几句话说清楚,回首往事有些事情仍记忆犹新。1993年,他和在金融服务集团赛弗雷斯(Syfrets)工作的4位同事决定辞去工作,创办自己的公司,自己持有股份。蒂斯解释说,"当时大型的人寿保险公司备受尊崇,都很自命不凡",它们收取高额佣金,但是投资回报并不见好,"于是我们发现这里面有机可乘"。他指出,在这一时期天达(Investec)和兰德等商业银行开始建立。"换句话说,变革的舞台已经搭就。"

蒂斯认为,环境创造的机会、想自己创业的强烈愿望以及团队在他们的成功中都起到重要作用。蒂斯说,"我们是如此专注,从未被其他事情分心",这对他们的成功也有巨大作用。"我们只想着提供优秀的投资管理服务,我相信现有的团队会精益求精"。此外,他们"迎来了新南非",起初只关注养老基金、投资管理和低成本。总之,蒂斯说,各种因素叠加,特别是"专注力和对成功的欲望"促成了他们的成功。

我注意到,在蒂斯以及许多其他商界领袖的事例中,变革和一些新鲜事物发挥着重要作用。市场上已有的大型知名企业并不是障碍,相反它们创造了机会。尽管这些大公司在以特定的方式运作,坚持自己的模式,但是蒂斯和他的同事们意识到很多事情换种方式效果会更好。采用不同的创新的方法,这个出发点在采访中反复出现。

多年来,蒂斯和加冕公司不得不在对不同的公司投资时进行取舍。回顾投资经历时,他会不会说,好的公司和不太好的公司之间会有明显的迹象?

蒂斯说,"成功和失败之间有清晰的界限"。显然,有些方面,比如说产业、利润率、员工和其他许多因素可以判断公司好不好,但他经常发现会有"明显的信号",以此可以判断一个公司的发展重点是否有误。"如果公司看重总部权力、职务晋升,要解决公司内部的政治斗争,如果财务业绩需要很长时间才能公示,如果生产经营混乱,如果分销网络不明确——有这些迹象的公司都得打个问号。"

2003年,加冕基金管理公司在约翰内斯堡证券公司上市时,蒂斯是总裁;2007年年底,他辞去职务。一方面,他创办公司、推动公司上市;另一方面,他又有时间保证家庭和个人生活,他如何保持两者的平衡呢?

过去23年,蒂斯一直住在斯坦陵布什小镇上。他相信工作经常要殚精竭虑,会消耗你毕生精力。回顾过去的19年,当他在赛弗雷斯公司和加冕公司工作时,要往返于开普敦与斯坦陵布什之间。他说:"每天从早上5点开始,晚上7点才告一段落,所以你需要有个贤内助,你必须有一个理解你的家庭,无论在工作上和家里都得有支持你的人际网。一天结束时,你自己要筛选各种需求,要知道这些需求会有什么影响"。蒂斯告诉我,后来他的生活已有所改观。他在斯坦陵布什小镇设立了办公室,往返奔波比过去少得多,"他努力保持更好的平衡。"

考虑到他事业非常成功,我想从蒂斯那里知道在商业环境下他认为最艰难的决定是什么。在他看来,改变企业战略方向的决策是最难的。比如说加冕公司,他们必须与合作伙伴、单个最大的客户赛奇(Sage)分道扬镳。另外,与员工有关的决策,比如不得不解雇资深同事也很难。

我请蒂斯谈谈运气对成功的作用,他引用了著名高尔夫球手格雷·普雷乐(Gary Player)的一句话:"你练得越多,运气就越好。"蒂斯认同这一说法,也强调长期目标的重要性。"我们的事业不是短跑,而是马拉松;如果你一直关注同一特定领域,那么运气就会出现。"

在商界和个人生活中,他看重的关键原则是什么?蒂斯说,除了那些经常强调的特性,诸如奋发向上的性格和坚定不移的价值观等几点外,他很看重南非的一些事情。"在南非,我们要做的事情之一就是为企业家创造环境,因为企业家可以创造工作岗位,而其他人不能创造就业机会。企业家需要两样东西——资金和人才。因此,我对人才的开发和资本的储备感触颇深。"

访谈之后,我明白为什么蒂斯被认为是投资领域的绅士,为什么众多公司要挖他做董事会成员。他回答问题时流露出的真诚,以及他提出建议时的诚实令我难以忘怀。

给年轻人的建议

- 首先给自己找份工作。没有什么"极致完美的"第一份工作;一旦你有了工作职位,其他的门会为你打开。
- 选择你钟爱的事业继续下去。"年轻时,人们认为你可能当医生、牧师或工程师。"而现在谋职就业的选择性比以前多得多,做点自己真心喜爱的事情。
- 你的事业长达30年至40年,要有远大理想。但请记住,事业是一场马拉松,不是短跑。

财务建议的原则

- 过于稳健——"房产和股票是增值的产品,但人们太喜欢持有现金。这是个错误。"
- 长期的视角——如果你的投资组合每年以15%的速度增长,那么它每5年翻一番,1兰特将会变成64兰特。"他们说'入市时机'不重要,重要的是'在市时间'。所以你投资增值型资产的时间越长,收益就越多。"

◀ 第二十一章　皮特·德瓦尔 ▶

北美宝马摩托前副总裁
访谈于2012年3月14日播出

皮特·德瓦尔(Pieter de Waal)出生于西开普省,在斯坦陵布什大学学习土木工程。当过赛车手,他在不同汽车公司当过工程师,都很成功。之后,进入了宝马公司。后来,他成了南非宝马摩托公司(BMW Motorrad)的负责人。由于在南非的突出业绩,他被任命为慕尼黑宝马摩托全球销售及营销部的负责人。2008年,皮特成为北美宝马摩托副总裁,担任该职直到2012年退休。

犯罪小说作家德翁·梅耶（Deon Meyer）在他的一个新书发布会上告诉我，他有个摩托车界的老朋友皮特·德瓦尔，给全球的摩托车市场带来翻天覆地的变化。在德翁的帮助下，我联系上了皮特。当时，他是北美宝马摩托的负责人。我们约好在他下次回南非时采访他。

我们决定把采访放在杉球恩（Centurion）的宝马摩托经销店。制片人迪尔克（Dirk）建议我们迈步穿行展厅的摩托车之间，边走边谈。访谈拍摄时，皮特要时不时在某款特定型号的摩托车附近稍作停留。但我们没有考虑到维修车间正好在展厅的下方。下午5点开始，顾客会来提取经过维修保养的摩托车，自然他们会检查摩托车的引擎是否正常工作，发出轰鸣。幸运的是，在音响、灯光和摄像都准备好后，所有的摩托车都已被取走，整个车间安静下来。

我一开始就意识到皮特是把爱好当作事业的人。他年轻时，就必须在事业和爱好之间做选择。皮特说，他在亚特兰蒂斯柴油引擎公司（Atlantis Diesel Engines）工作了几年后，公司告诉他要把他提升到管理岗位上，前提是他不再参加赛车运动。公司认为，他参加赛车很"危险"，而且"与企业形象不符"。他不得不思考这个问题并答复他们。与此同时，德尔塔（Delta）公司正在广告招聘赛车运动负责人。皮特"不假思索"就申请了，获得了那份工作。

"我依然记得那一天，我走进亚特兰蒂斯柴油引擎公司管理总监的办公室，告诉他我做好了选择，不过我决定我的事业是赛车运动。"皮特把这形容为"我生命的转折点。尽管一知半解，我已经根据自己的爱好做出了选择"。他到德尔塔没多久，就接到了尼桑公司的电话，邀请他去担任多年的赛车部负责人。最后，他接到了宝马公司的电话，"邀请我为他们工作"。

是什么促使皮特这个赛车狂从宝马的轿车业务转到摩托车？皮特承认，那时他自己对摩托车并不感兴趣。但他加入宝马后，摩托车分部是他职责的一部分，当时还是"一个很小的部门"。于是他义不容辞地考取了摩托车驾驶执照，"一骑上摩托车，我发现这是个崭新的奇妙世界"。摩托运动也成了他和他的音乐家妻子的共同爱好。以前，他投身赛车运动时，他俩很少有共同兴趣。皮特说，在"这段受益匪浅的奇妙经历"中，"一个愿景诞生了"，虽然那时他还没有马上意识到。"这个愿景就是推行一种生活方式，并不一定是摩托车运动。这种想法是要创造一种诱人的生活。人们会说，'哦，我想要成为探险世界的一部分，游历世界各地'，然后，他们会顺便买一辆宝马摩托车，加入这个世界。"

皮特刚成为南非宝马摩托负责人的时候，公司每年售出50辆至150辆摩托车。当他接受慕尼黑全球销售和营销部负责人职位的时候，宝马摩托车的销量增加到了每年3 000辆,占南非市场份额的40%——这是全球最大的份额。用任何标准来衡量这都是优异的业绩。我问皮特他用了什么战略促进增长。他说,没有愿景"你就不会真正给公司机会重点发展这样的领域"。

皮特有自己的愿景,要把宝马摩托和某种生活方式连接起来,"但有不少障碍"。首先,他知道顾客和自己一样,"换句话说,40来岁的成功专业人士",希望有与其生活地位相符的消费经历;第二,考取摩托车驾照程序繁琐,学习如何在泥土路上驾驶摩托车也存在困难。"因此,我们意识到,除了要为顾客创造舒适的场所外,还要让他们易于考取驾照,并学会怎样越野驾驶。所有的这一切都纳入生活方式的范畴。"他们决定要在米德兰建一个生活方式中心,但是皮特说这并非易事。"当然没有此类商业案例可循,而且一开始董事会也没人赞同。但是我非常相信这个方案会起作用,因此我没有放弃。"最后,他获得董事会的许可,中心的财务收益也马上获得成功:在第一年,南非超过70%的摩托车销售额来自宝马生活方式中心。

在英国呆了一段时间后,皮特被任命为位于慕尼黑的宝马摩托全球销售和营销部负责人。这是首位非德国人担任该级别的职务。在国际化的大公司,他该怎样应对担任这一要职带来的挑战呢?皮特指出了两个方面。首先,"很重要的一点是要认清大局",并且确保你自己要明白未来你会做到怎样一个程度。"所以,这就是第一件事,让未来的发展蓝图简洁明了,并确保每一个向你汇报工作的人都知道你希望他们该做什么。"

其次,他说与人事有关。如果你发现自己掌控如此庞大的一个机构,员工不单有总部的,还有来自70多个国家致力于销售的所有员工,那么"关键是把合适的员工放到合适的岗位上"。在这样规模的公司,皮特还强调了授权的重要性。"我反复强调同一件事情,那就是我们未来要做到怎样一个程度,然后,我依托我的员工去实现目标。"

我很好奇他用外语做生意的感觉,皮特在这样的经历中又得到了什么。皮特说,他很快意识到"用德语进行社交是一回事,而人家不太明白你的观点或不愿意照办时,努力让董事会通过你的方案完全是另一回事"。这令他很受挫,"我总是觉得自己处于劣势"。不过,他从中学到了经验教训,直到今天依然在用:"当你和说第二语言甚至是第三语言的客户谈生意时,不要将他们拥有的知识与他们表达知识的方式混淆起来。"

在皮特看来,南非商人"没有必要觉得自己和别人比低人一等。如果你是南非人,如果你在南非的工作环境中出类拔萃,那么你可能在全世界也处于领先水平"。

2008年,皮特被任命为北美宝马摩托副总裁,其业务范围涵盖美国、加拿大和墨西哥。他对这一调任背后的逻辑做了解释,让我明白公司为什么会让他们最得力的干将去掌管这个最重要的市场。皮特说,轿车产业拥有着诸如中国、印度和俄罗斯等新兴市场的优势,相比较而言,摩托车产业并没有相似的市场优势。在东方,摩托车被用作廉价的交通工具——那不是宝马销售的摩托车。通过对潜在增长点的批判性分析,他们得出结论,宝马摩托的重点一直在欧洲市场,世界其他地方拓展不够,当时只有10%的销量来自美洲。"因此,很明显",皮特总结道,"如果我们拿下美洲市场,我们可以有一个长期的增长。如果我们做不到,我们真的会举步维艰"。

在回答我关于宝马摩托在美洲市场后续进展情况的问题时,皮特说:"在过去4年间,我们在美洲的市场份额翻了一番,盈利颇丰。"

皮特一生中有两次为了追求爱好而舍弃金钱和晋升。回首职业生涯,他相信这两次他都作出了正确的决定。最初,他是个民用工程师,但是他并不喜欢这个工作,想进入汽车行业。在奔驰公司,他开始在"流水线工作",如鱼得水。"我也发现我是唯一享受这份工作的人。因为对于生产线上的员工而言,工作只是赚钱;而对于坐在办公室的工程师来说,工作就是理论操练。"第二次他选择了自己钟爱的赛车运动,而不是去攀爬亚特兰蒂斯柴油引擎公司的晋升阶梯。坚信爱好的重要性成了皮特的人生哲学。

德翁·梅耶说皮特改变了一成不变的摩托车国际市场,我借他的话来结束采访。皮特说,大家要知道德翁是位小说家,"非常夸张"。"不过如果说我确实作了贡献的话",他郑重地补充道,"很可能我是在努力推销一种生活方式,而不是一辆摩托车或者一个商品"。他说这个方法在南非行之有效,"我希望它在美洲也能成功。这很难,需要很长时间;一旦它成功了,你就有了别人无法模仿的产品"。

让我记忆犹新的是,在采访前后,皮特在展厅介绍每一辆摩托车时带着无限的激情,并能从中感知乐趣。他对这种生活方式充满激情,将来一定可以卖出更多的摩托车!

皮特·德瓦尔的生活哲学

● 当你在做真正感兴趣的事情时,你不会介意一直做下去。你一直做某件事情时,你会精于此道;一旦你精通某项技能,人们就会来要你的服务。当人们来找你要服务的时候,你可以说是成功了。你成功后,财富也就随之而来。但此理反之不然。先有爱好,后有财富。

◀ 第二十二章　尼古拉·斯克鲁格 ▶

动力大都市国际保险控股公司总裁
访谈于 2012 年 3 月 21 日播出

在校期间,尼古拉·斯克鲁格(Nicolaas Kruger)数学成绩优异,希望能在一个发挥自己数学和分析能力的领域从事工作。在斯坦陵布什大学学完保险精算科学后,23岁的尼古拉于 1991 年进入了动力人寿保险公司(Momentum Life Insurance Company),担任保险精算师助理;第二年,他成为合格的保险精算员。29 岁时,被任命为首席精算师。2009 年,41 岁的他被任命为动力人寿保险公司的总裁。2010 年,他被任命为由动力公司和大都市公司合并而成的新动力大都市国际保险控股公司(MMI)首任总裁。

我们的谈话从尼古拉考入大学那年从桑勒姆公司的马里纳斯·达林（Marinus Daling）那里得到的建议开始，马里纳斯·达林说服他相信保险精算科学对他来说是正确的选择，这也会"为他的商业职业生涯提供一个很好的平台"。回首在斯坦陵布什大学的学生时代，尼古拉说，选学精算时一开始"你并不知道会是什么样子"。其他专业学生有时间参与社会活动，而保险精算的学生必须在图书馆埋头苦学，但最后"这都值了"。他说，你得记住，保险精算这个职业专业性极强，不受学生青睐。20年前他完成学业时，南非只有320名保险精算师。"现在这个数字上升到了820，但和其他职业相比，这个数字仍然很小。"

采访之后，我和斯坦陵布什大学以前教过他的一位老师寒暄交谈。他告诉我，那时尼古拉的同学会来问他，为什么尽管他们也很努力，但考试总考不过尼古拉。老师的回答很简单，尼古拉不仅学习努力，碰巧也很聪明！

完成学业后，23岁的尼古拉1991年开始在动力人寿保险公司工作。29岁时，他被任命为首席精算师。回首1991年的动力人寿保险公司，令他印象最深的是什么？当时的公司是怎么发展成今天的MMI集团的呢？谈论到公司的发展轨迹，尼古拉说，人们可以这样算一下，"由动力人寿保险并入组成的MMI公司创造年利润30亿兰特。20年前，动力人寿保险公司一整年的利润，MMI集团现在只需两个工作日即可完成。多年的增幅实在惊人！"尼古拉说，这种发展从1992年开始，当年兰特商业银行收购动力人寿保险公司，并且"帮助其建立合适的企业文化"。它们的计划是公司应该通过有机增长和公司贸易相结合的方式来实现增长。在诸多动力公司多年来完成的交易中，尼古拉特别强调了4次交易："公司第一次交易是与莱弗格罗（Lifegro）公司进行的，之后与南方（Southern）公司，然后又与赛奇公司（Sage）交易，当然还有最近动力人寿和大都市的并购交易。"

尼古拉有幸结识南非3位最成功的商人，这对他的个人发展大有裨益。有关保罗·哈里斯（Paul Harris）、费雷拉（GT Ferreira）和劳里·迪朋那（Laurie Dippenaar）3人成就的文章很多。我问尼古拉与他们共事经历中最值得回忆的是什么。"他们当然是极为成功的企业家，"他说，"但是他们之间也有很好的互补。"尼古拉说，他从这3人身上学到的原则非常简单："第一条是非常可靠有效的价值体系。诚信为万事之先，名誉异常重要。"此外，他们具备评估创新机会的能力，能发现商业机会并把握合适的商机。劳里·迪朋那和动力人寿保险公司关系尤为密切，多年担任其主席职务。"无疑我们从他那获益匪浅——不单是他的远见卓识、领导能力，还有可靠的价值体系。"

通过这次采访，我意识到了自己在和一位非常有智慧的人士对话。尼古拉说起改变他一生的建议时,他提到了希勒·梅耶(Hillier Meger)。希勒是动力人寿保险公司的前任常务董事。他对尼古拉说,他的工作"要做到以一种简单的方式来解释一个复杂的金融问题或金融结构,使其具有商业价值"。我想知道为什么尼古拉认为这条原则这么重要。在他看来,对诸如工程师、会计师和保险精算师等专业人士来说,"获得用可以接受的语言向决策者解释他们对复杂世界的认识极为重要,因为只有这样,他们复杂的工作才能得到妥善处理"。他特别回忆道,他们花大力气向动力公司董事会解释承保人是如何获利的,那时不是保险精算师的外行人士极少有人能懂。这样的解释"帮助董事会做出正确的商业决策"。

现在的趋势是人们在一家公司任职几年,然后跳槽。很难发现有人会进入一家公司后一直待下去,20年后成为这家公司的董事长。在他的案例中,尼古拉认为,原因可能是"他属于被遗忘的一代,更忠诚于雇主,并倾向于在同一地方长期任职;这和现在的年轻人形成了鲜明对比,他们喜欢多样化,喜欢为了寻找新机遇而奔波,"对职业机会的态度更为开放"。不过他认为他一直待在同一家公司的主要原因是公司充满活力,多年来变化很大。他刚加入动力公司时,员工数百名,现在MMI集团有16 000多员工。最初他们只涉足南非,但现在他们的业务遍及12个非洲国家以及英国。"集团变化巨大,商机特多,集团不是真正意义上我刚开始工作的那个公司了。"

尼古拉的生活并不只是围绕着数字在转。业余时间他在卡鲁(Karoo)的家庭农场饲养稀缺濒危禽兽。他说"你不能一直工作",你也要有一些其他的兴趣。他们努力按照可靠的商业原则,在生态友好的基础上运营这个农场,同时为卡鲁灌输一种爱,回报这个社区。"你是这个农场的管家,这个农场其实只是租让给你的,你要把它管理得更好,留给后人。"

交谈中,我不时地意识到这样一个事实:和我对话的是天赋极高之人,有着强烈的价值观——是那种希望根据事实做出合乎逻辑结论的人。幸运的是,他也认为自己有义务向我解释他是如何得到答案的!

关于投资的重要建议

- 尽早学会在经济条件允许的情况下过日子。即便是学生,也要确保不要入不敷出。
- 职业生涯中要尽早开始储蓄。"20位南非人中,只有1位存够了退休的钱,所以这部分人可以安度退休生活了。"
- 尽早找位优秀的理财顾问,他会告诉你如何进行长线投资,确保收益不会被通货膨胀抵消。

投资者应该规避的基本错误

- 以非常诱人的投资形式出现的诱惑，听起来很完美却并不可靠。"没有哪种投资计划可以让你一夜暴富。所有计划都有这样或那样的问题，随着时间的推移，你会发现它们并不是好的投资。"

- 风险集中：把太多的钱投到某个特定的项目上，"把所有的鸡蛋放在一个篮子里"。

◀ 第二十三章　约翰·福特斯 ▶

乳品商克洛弗公司总裁
访谈于 2012 年 3 月 28 日播出

在前兰德阿非利加大学获得商学士学位后，约翰·福特斯（Johann Vorster）一边从事审计工作，一边在南非大学通过函授获得荣誉学位，并于 1987 年成为注册会计师。他在金山大学获得 MBA 学位。2000 年，加入克洛弗公司（Clover）之前他在制造行业工作。2006 年，41 岁的约翰被任命为董事长。在约翰的领导下，2010 年克洛弗公司在约翰内斯堡证券交易所成功上市。目前，这家食品饮料集团市值约 30 亿兰特。

采访约翰非常顺利。他谈锋甚健，对克洛弗公司充满热情，对他们的成就，尤其是为乳品制造行业的农民所创造的价值感到自豪。

他身为注册会计师，给自己在企业界的职业生涯带来价值，我们的谈话由此开始。约翰认为，尽管他在审计行业时间不长，但事实证明这种经历对他是"极为重要"的资质。他强调，"审计教会你如何运用所学的金融知识，利用对公司做分析、评估的背景情况以及最基本的稳健谨慎作风去判定风险"。当他成为审计师去核查不同的公司时，他被"那些总裁们给企业带来的创意"震惊了，于是"我马上开始关注销售和营销端"。他在税务局（Receiver of Revenue）工作3年后，决定攻读MBA。他把读MBA形容为"一段非常精彩的经历"，因为他学到了公司的财务管理，还有"市场、劳工关系以及其他方面"的知识。

完成MBA学业后，约翰想在企业界工作，而不是回到金融部门。他加入东方兰德塑料集团，在那里他学会了如何让面临财务压力的公司转危为安。一有机会该集团就开始并购其他公司。约翰说，"最后，我们瞄准了那些努力挣扎谋生存的公司、那些急需现金的企业，一举收购了大约23家公司"。这些并购创立了阿斯特拉帕克（Astrapak）这家上市公司。约翰在这家公司担任了两年的财务总监，"非常幸运，我又回到了管理岗位"。

在阿斯特拉帕克期间，他"得到训练，受益良多"。得益于此，2000年，他以财务总监身份进入了克洛弗公司。"那时克洛弗公司正处在困境中，因为他们资本不足。我认为如果我能成功帮小企业脱困，为什么不能在大企业也一试身手呢？"约翰说，他"一直在忙于财务管理和日常管理"，但是你从"公司的财务方面"看到的东西对你在下一阶段管理公司是非常有价值的。

在讨论他在克洛弗公司的经历之前，我想让大家了解一下今天大家所知的克洛弗公司的前生由来。历史要追溯到1898年，当时纳塔尔省穆伊（Mooi）河畔的一群农民合作建立了一家黄油厂，后来称之为全国乳品合作社（National Co-operative Dairies）。克洛弗这个名字是在1994年加入的。2003年，这家合作社转型成上市公司。这一转变在克洛弗公司的发展过程中至关重要，我问约翰是什么最终促成这一步。他解释道，1994年后，兰特银行和其他银行开始停止向合作社提供资金。不论公司开在哪儿，他们面对的主要困难就是资金短缺，没有融资渠道。因此赋予克洛弗公司"有独立董事的公司形式"是"非常必要的一步"。但那时克洛弗公司仅仅经历了外在的变化。"它并没有经历本质的变化。"他们是怎样实现这一变化的呢？约翰说，这就是公司的"成功故事"。

在克洛弗公司的案例中，转型是非常重要的，但是我想知道在约翰看来，合作社这一商业模型是否仍有一席之地。他说，肯定有。在德国和很多其他欧洲国家，不少最大的公司和机构都是合作制的。"为什么合作制这么受欢迎？因为它创造财富，创造了让人难以置信的资产。看一看全国乳品合作社，这就是农民们在100多年间积累起来的资产。这家公司资产甚多，但不是一直都赚钱，不过我想我们现在已经在盈利了。这就是为什么合作社这么有价值：因为它创造了资产。"

2010年，克洛弗公司准备在约翰内斯堡证券交易所上市时，乳品商的供货权要被转成股份。为什么这一转换这么重要？约翰说，因为合作社创造财富，它是收购者的目标。为了防止被兼并，你就说，"拥有这家公司的人必须要给公司供货。这样一来，你要把它留在农业社群中"。所以供货权就是阻挠被兼并的措施。但是你不能一方面阻挠兼并，另一方面又引入新的股东。所以把牛奶供货协议和股份脱钩至关重要，而我们最终成功做到了——我们成功说服了供奶者，说服了我们的奶农，让他们采取果断行动，疏通最后的环节。

约翰认为，上市是这个公司发展过程中的重大事件。为什么上市是这样重要的里程碑？为了回答这个问题，他解释道，他们有过很多长期发展和提升的计划，"但从来没有什么渠道可提供足够的资金"。他们只好不断去借钱，"但那些都是利息很高的商业贷款"。于是他们在技术、信息技术和传播媒介等方面开始落后他人。上市获得融资，"极大地"助推了公司的发展。约翰说，穿过走廊，你会有种飘飘然的感觉。"突然之间，我们在银行有了6亿兰特，我们的债务偿还了，大家都在做新的计划。"这让他觉得他在这家公司只工作了1年半，因为"那就是一家新公司"。

对他来说，"这一成功故事中最重要的事情之一"就是他们为建立这个公司的农民成功地打开了财富之门。"在2010年12月13日到14日期间，我们生产商的财富增加了13亿兰特，我认为这是一个非常成功的故事，因为钱给对了人。"

根据克洛弗公司的商业模型，公司强调他们已经从以前供应驱动型公司转变为需求驱动型的企业。这一战略重点的转型意味着什么？正如约翰解释的那样，建立合作社是为了通过营销、销售或者配售，"不停地"把生产商的产品销售出去，你无法控制供应给公司的产品数量。在过去，生产商尽可能多地供应牛奶，"同时，我们必须不停地去销售"。因此，"当这项业务与你个人收入有关时，你就不会袖手旁观"，因为每个月你收到的牛奶数量都不一样，而你并不一定总是有足够的基础设施来加工处理。"我们知道如果我们不能提供稳定的收益，没有一个投资者会投资这样的一个周期性波动的公司。"

2006年，约翰通知生产商，公司将转型为需求驱动型。"换句话说，我们将只接收销售那些能盈利的牛奶；剩余的牛奶，你们必须卖到其他地方，或者我们可以签订合同,一年一次,约定你的产量如何增长,然后我们会为这些多余的牛奶寻找其他的市场。"

采访中,约翰自始至终提及农户的作用,以及克洛弗公司和牛奶制造商关系的重要性。问及他对这一关系的看法时,他强调这种关系本质上是相互依赖的。今天克洛弗所拥有的质量品牌"始于农场,取决于奶农如何饲养奶牛"。对克洛弗来说,农民的贡献至关重要,最终让这个品牌身价不菲,"这就是为什么和生产商保持非常密切的关系对我们来说至关重要"。另一方面,克洛弗公司也"让他们成长",同样他们也依赖我们。毫无疑问,他们在农场忙碌的价值就是他们拥有的土地的价值。每个人总是认为,这种关系的"存在是因为有供货配额并与股份挂钩",但是现在我们已经发现,上市16个月之后他们对公司忠诚依旧。这种关系仍然在起作用,而且我们也仍然保留着配额制度。

41岁时,约翰年纪轻轻就成为董事长。他是如何应对这个挑战的呢,特别是在这样一个更为保守和传统的农业部门? 他认为自己很幸运,身边有一些"给我经验和支持的能人",但是他也承认,在开始的18个月里,他感觉到"大家有种走着瞧的态度,想看看这个小年轻是否能干点事"。他回忆起自己承受着巨大的压力去做出成绩,"要尽快获得成功,庆祝成功"。他补充道,不要吹嘘成绩,"但你必须告诉大家,我们做成了这些事情,并且这是我们一起完成的。这样你带着他们一样做,之后所有人都会一起跟着做"。

说及成功,约翰强调公司的发展重点要有限度。在克洛弗的案例中,他突出把品牌建设作为发展重点。他用"资源有限"的观点来解释他的单一关注。在他看来,一个企业自己有四五项擅长的业务即可,其他的都可以外包。这种方法意味着克洛弗能够将自己的发展重点作为终极目标,"这个目标就是我们必须拓展的品牌"。约翰说,克洛弗品牌应该"远远不限于奶制品,它可以大加拓展。这个品牌有我们的分销渠道支撑,无比强大。因此我发现关注单一重点能带来巨大的收益"。

他详细阐述了他的原则,说凡事不会自发产生。你必须有愿景,并且持续不断地把它表达出来,"然后你得去努力工作,将这些事情变为现实"。

约翰和他的克洛弗公司立足南非农业界。一方面,需要土地;另一方面,有食品安全方面的压力。问及对土地问题的看法时,约翰首先用全球视角来看待这一问题。克洛弗的新西兰合作伙伴恒天然(Fonterra)是"全世界单个最大的牛奶和奶制品出口商",它预测到2019年,考虑到中国、印度和其他国家的发展速度,全球市场"另需6个恒天然来满足全球奶制品的需求"。至于南非,约翰指出,这个国家很多地方的土地和水源没有优化利用，奶农有很多机会。他们的生产商一直在和政府密切协商解决土地问题，建立伙伴关系。在约翰看来，有必要对"整个事件进行合理性检查"。他认为，人们对土地价值的期望值要现实点，协商过程需要加快，因为不确定性会阻止人们投资农业。

　　谈话后，我认同了约翰的观点——合作社转变为公司后，最大的受益者仍是原合作社成员，这样的例子极少。在克洛弗公司的案例中，赢家是这个国家的奶农。对我来说，采访最显著的特点是约翰对奶农始终如一的信任，是他对奶农与克洛弗公司未来密不可分的信念。

成功的障碍

- 自我——"如果我们联手，就可以取得更大的成就。"
- 改变的阻力——做事自我，"通常会妨碍完美理想的商业原则"。

任职和升职的条件

- 约翰微微一笑，马上列出他自己的三条标准，言简意赅：恪守忠诚的人；必须是具有团队合作精神的人；可塑性强，必须是可以并且愿意接受额外技能训练的人。

◀ 第二十四章 伊娜·帕尔曼 ▶

女企业家,帕尔曼食品公司创始人
访谈于 2012 年 4 月 4 日播出

伊娜·帕尔曼(Ina Paarman)在做家政老师以及当讲师时,兼职为报纸的美食专栏撰稿,同时,还担任一本女性杂志的美食编辑。成就今天伊娜·帕尔曼的第一步是她决定在自家改建的车库里办烹饪学校。伊娜·帕尔曼的第一个产品——调味海盐——就是在这里生产的。帕尔曼夫妇用房子抵押贷款资助出版了伊娜的第一本食谱。1990 年,伊娜的儿子格拉汉姆(Graham)加入家族企业后,帕尔曼食品公司(Paarman Foods)正式诞生。随后又有 8 本食谱出版,如今伊娜·帕尔曼的产品行销 16 个国家,公司为 200 余人提供了工作。

对这一真正南非产品系列背后的这位女人研究得越多，我就越被她不同寻常的故事震惊。伊娜·帕尔曼已经成功地将自己的名字和形象确立为餐饮业一流美食的象征。

采访开始前30分钟，我们在开普敦伊娜的康斯坦蒂亚厨房（Constantia kitchen）见了第一次面。刚开始我就意识到我要交谈的这个女人很特别：优雅、专业，是个杰出的商人。这是最为难忘的采访之一，因为你可以感受到她的真诚；她说的一切都源自内心。

她为了办自己的烹饪学校，决定牺牲其稳定的工作和薪水。我们的谈话由此开始。那个启发她冒险创业的"绝对是我的母亲"，伊娜说。"她也是那个和我说这些话的人：'我的孩子，你太聪明了，没必要为政府工作，为何不做自己的事业呢？'然后她就给了我4 000兰特，我们就开始了创业。"

起初，烹饪学校进展艰难。伊娜招收的学生很少，而且"很难让客户知道我现在是在经商"。但创办学校绝对是"在正确的时间做了正确的事"，因为它满足了需要。伊娜说，公制（Metric System）的引入在当时造成了混乱："涉及烹饪、看食谱时，'突然间人们就搞不懂磅和克，华氏和摄氏啦'。"

伊娜的职业生涯一开始是家政老师，她给我的印象是她的内心仍是一名老师。帮助人们提高知识和技能的强烈愿望一直是她所有书籍和产品的中心。她充满激情地说，教学最美妙的事情，"就是你可以激发儿童头脑中的火花。你可以启发他们进行自学。然后，你自己不必这么辛苦，因为你只需要传达一个信息——知识对他们真正意味着什么"。

伊娜·帕尔曼的第一个产品以她祖母的一个菜谱为基础，是在办烹饪学校期间研制的。我想知道这是否已经是一个有计划的步骤，但是伊娜解释道，它的发生几乎是偶然的，并且是出于需要。在烹饪学校，她已经招收了一些工人做诸如洗碗等工作。"一个人能做的最好的事情就是给别人创造就业机会"，念及母亲的这一建议，她无法忍受在学校放假期间让工人们回家，就尝试找一些事情让他们继续工作。"于是我们开始制作调味海盐，并且我真的相信这是一个体现我们步入正确轨道的迹象。"

下一个创建伊娜·帕尔曼品牌的重大步骤是决定编写出版一本食谱。伊娜找不到一个对该项目感兴趣的出版商，但这并没有打消她的念头。帕尔曼夫妇拿出他们用房子抵押的贷款，伊娜自己出版了这本食谱。每一天"我都跪着祈祷书会畅销，从而帮助我偿还房屋贷款，因为我的丈夫已经不想理我，并说：'你怎么能抵押房子去卖一本食谱呢'"。然而让她大为欣慰的是，这本书大获成功；那些

添加在页面空白处的小窍门是她教学经验的结晶,配上著名画家斯坦利·平克
(Stanley Pinker)的插图,伊娜认为这两者帮助这本书获得成功。"但是,前4个月
真的很伤脑筋——每当我回想坐等这本书销售行情的时候,真的很揪心。"

今天我们所熟知的伊娜·帕尔曼食品,始于1990年建立的帕尔曼食品公司,
这是该企业的生产部门。伊娜的小儿子格拉汉姆那时在斯坦陵布什大学攻读商
学士学位,向她提出建议——扩大他们的家族企业:"妈妈,我来管账理财,你去做
食品。"今天,他们的产品行销16个国家,品牌以质量过硬闻名。伊娜专注配方开
发,而格拉汉姆则负责管理公司。

问及成功之路上的重大事件,她挑选出格拉汉姆的加盟——"他是一个天生
的企业家"——以及他们的团队合作精神。"当你有一个非常聪明,有才华又勤奋
的孩子时,你不应该让他替别人打工,应该让他加入家族企业。"伊娜认为,合作伙
伴应该有不同的特长和能力,从而可以相互补充,他们的企业是团队成功合作的
"理想典范"。她已故的丈夫也在企业中发挥了作用。对伊娜来说,家族企业的主
要好处之一是,你不用去权衡工作和家庭之间的利益"分割"。"我一直是个工作
狂,"她承认,"所以现在我可以成为不用感到内疚的工作狂。"

伊娜·帕尔曼的网站每月有200多万人的访问量。为什么亲自回复尽可能
多的询问对她如此重要?首先,她想知道客户的想法和需求,伊娜解释道,而与他
人分享新菜谱,和他们进行私人交谈给她带来极大快乐。"当然,人们欣赏你不厌
其烦地亲自回复信件这一事实。"

伊娜追求质量,认为南非人太容易满足于平庸的质量。"我相信质量总会有
市场。我相信标准。你知道,我年纪大了,经商时间太长了无法满足屈居第二。
对我来说,质量必须无可挑剔,否则你就扔掉它。"她自豪地补充道。

走进超市,看到自己的产品放在货架上面,伊娜会作何感想呢?这就像看着
你的孩子,她说。"你明明知道他们品质优秀,但你情不自禁地会注意到,他们的鞋
带松开了,他们的衬衫没有塞进裤子。"她不只是去购物,如果看到她的产品摆放
得不够整齐,购物结束前她要重新排放一遍。她承认,顾客走过来,把她的任何一
种产品放到他们的手推车里时,会给她"很棒的感觉"。"我永远感谢他们的支持,
因为最终是那些从货架上买走你产品的人决定了一个企业的成功。"

名人大厨已经成为一种文化现象,但伊娜认为她的成功应该归功于一个不争
的事实:她只是一个懂得客户需求的出色的家庭厨娘,而不是厨师或名人大厨。
作为一名前理工学院的讲师,当她开始在烹饪学校教成人的时候,她不得不"调整
教学重点"。"他们不关心使用的方法是否正确,因为他们不用通过考试——他们

要的是能吊人胃口，又易于快速准备，并且能让客人屏息凝神的东西，吃完能让他们赞不绝口，'哇，你这厨师真棒！'"她再次感激母亲那时给她的宝贵建议，让她去法国学习烹饪课程，去考察那边的课程是如何开设的。

驾车返回机场时，我仔细回忆了对伊娜的访谈。我突然想起，商人可以从全国各地主妇早已知道的道理中受益：你可以放心采纳这位身材娇小女士的建议；这些建议在厨房里行得通，在董事会会议室里也一样行得通！

成功原则

- 每个人对自己所处的位置负责。"我根本不相信受害者思维。我认为没必要去回想童年时代所犯的错——这些都是过去的事，无法改变。"
- 每个人有责任创造自己的运气。"你把握自己的命运并为之奋斗。运气不会从天而降。你必须促其发生。"

给年轻有为厨师的忠告

- 不要被这个职业的魅力所蒙蔽。"每个职业都有极为枯燥、需不断重复、耗费精力的工作。我的祖母常说，人生就像黄米饭：大多数都是干米饭，偶尔你会发现葡萄干。工作中你不能只捡葡萄干。你也必须要有吃干米饭的心理准备。"
- 确保有良好的科学背景，"这样当你做蛋糕失败时，就可以理解它为何失败，并能向别人解释该如何纠正。如果你只能根据配方制作食品，你还是不知道为什么事情会有对有错"。
- 技术知识决定你是否取得真正的成功。"做迷人的美食容易学会，但如果精美的厨艺后面有智力资本支持，这将给你带来无限的价值。"

◀ 第二十五章　克里斯托·威斯博士 ▶

服饰零售商佩普公司和食品零售商夏普莱特集团董事长
访谈于 2012 年 4 月 11 日播出

　　克里斯托·威斯（Christo Wiese）曾
就读于斯坦陵布什大学法律专业。1967
年，他加入雷尼尔·范·鲁耶恩（Renier
Van Rooyen）创办的连锁零售企业佩普百
货。7 年后，他离开佩普百货，在开普律
师协会担任辩护律师。1981 年，作为大
股东和执行董事长，他重回佩普百货。今
天佩普公司（Pepkor）共拥有 7 个全资子
公司，在非洲、澳大利亚和波兰有 3 100 多
个零售点，雇员超 30 000 人。克里斯托依
然是佩普公司以及夏普莱特集团和英弗
他表业（Invicta）的董事会主席，并担任布
莱特投资公司（Brait SA）的非执行董事。

尽管在采访前后，克里斯托的日程非常满，但他还是抽空安排。非常准时地到达，他是有备而来，回答问题轻松自如、切中肯綮，可以想象他是位老练的法律人士。

完成法律学业后，1967年克里斯托决定加入雷尼尔·万·罗延的佩普百货连锁零售企业，我们的采访由此开始。我们先了解一下相关背景：佩普百货成立于1965年，是开普敦北部阿平敦（Upington）的一家店铺。到1970年，该集团已发展到114家门店。能成为这个年轻而富有活力的集团的一员是一种怎么样的感受呢？克里斯托形容"那段时间令人振奋"，特别因为他曾与这么多人一起共事。不过，他也承认，零售业与他大学所受的专业教育"不太对口"，这也让他的父亲失望。

雷尼尔·万·罗延——佩普百货的创始人坚信，公司中高级人员必须成为股东。我向克里斯托打听这个原则的由来。他解释道，当年雷尼尔要扩张公司时，各种人都想来做员工或股东。他向这些人提出的"规则"很简单："如果你不是股东，就不能担任商店经理的职位，除非你为公司工作，否则不能当股东。"

在佩普百货工作7年后，克里斯托卸任执行董事，到开普律师事务所担任执业辩护律师。他说当律师是"是个人所爱"，并指出让他下定决心去当律师的3个因素。首先，与他在佩普百货中的角色有关。1972年，公司在约翰内斯堡证券交易所上市后，自然"失去了一些家族企业的性质"。作为创始人、常务董事和主席，雷尼尔自然是企业的一把手；而我只能是二把手，无法升迁，但我并不认为自己是愿意长期担任二把手的人。第二，他的法律学术背景，这是"我非常熟悉的"领域，"有人称之为法律实务的浪漫主义"，他为之吸引。他的很多朋友们都在开普律师事务所工作。第三，他已经开始考虑结婚，而"在佩普百货这些年的工作方式不会是结婚的良好开端，因为我一个月内有20天是不在家的"。

然而，1981年克里斯托又回到了佩普百货。他解释道，在此期间有些变化，雷尼尔已经决定要退休，于是"他和我开始讨论接班"。那时，"我所持股份已经与他的相等，我们达成一致，由我买下他的全部股权，然后以大股东身份回到公司当执行董事长"。

1982年，控股公司更名为佩普公司。今天，该集团不仅是南非的商业巨头之一，也成功地与其他非洲国家、澳大利亚和波兰进行贸易。在回答佩普公司成功经历中的里程碑的问题时，克里斯托立刻说道，有"很多重大事件，当然也有很多不足"。对他来说，主要的亮点首先是"看到了公司有多大增长潜力，因为模式是正确的，而且用合理的经营理念瞄准了妥善细分的市场；第二，过去几十年间，能够看到有多少人已经随着企业一同成长，取得了成功，成为超出他们自己想象的重要人物。我自己也是这样。公司比最初几年我设想的要大得多了"。

多年来，克里斯托已经获得了许多荣誉，包括名誉博士学位。这使他很难"从这些认可中挑出一个作为突出亮点"，他说，"因为在你生活的过程中，你也会遇到一些打击，你只需要感激任何看起来像某种认可的事情即可"。他一直认为，"无论我获得什么样的认可，其实都是授予以我为代表的这个群体的，因为这些成就都不是我一个人能完成的。成千上万的人作出贡献，才使集团走向成功"。

在成功的话题上，克里斯托喜欢引用谚语，"如果你不在乎谁获得表彰，那么你可以做成任何事情"。言下之意就是像佩普公司这样的成就总是靠协作完成的。这是成百上千人，在我们公司则是上万人在一起工作所取得的成就，真正应该受表彰的是他们。如果你总是想去抢风头，坚持认为是"你"做的，首先你没有说实话，第二，它无法激励和你共同前行的人。

在该集团的一份年度报告中，克里斯托做了相当惊人的声明，认为公司最大的竞争来自个体工商户，而不是大型公司。"佩普百货就是一个很好的例子，"他解释道。佩普百货成立时，"南非的零售市场完全被奥克大市场（OK Bazaars）和格雷特曼斯（Greatermans）所垄断，它们是斯特塔福茨（Stuttafords），也是后来切克尔斯（Checkers）等连锁超市的拥有者。而这家在阿平顿开始起家的小店，最终接手了这两大企业"！

克里斯托的名气在于敢作重大决定，而且很多情况下这些决定是有风险的。在他看来，风险是一个企业家生命的一部分。"我经常告诉大家，要成为成功的企业家，你真得要有点疯狂才行。如果每天早上起床时，想起今天所有的灾难都会到来，而其中大部分完全超出你的控制，但你仍然不惜一切去实现你的理想——这难道不是有点疯狂？很多从商30年至40年的人会告诉你，如果一开始他们就知道创业是如此艰难，他们一定不会走这条路的。但这只是事情的一面。另一面，当你回过头时，你会发现它实际上还是很容易的。"

跟克里斯托交谈时，你很快会意识到，他非常看好南非和非洲，以至于他十分厌恶非洲悲观主义者（Afropessimists），有时会强烈谴责抨击他们。首先，他说，"我本质上就是个积极乐观的人。我从没考虑过一个人能从消极中获得什么。正如我们所知，世界和生活都具有两面性。"此外，他的家族在南非居住已经超过350年。"除了作为非洲人和南非人，我还能做什么呢？我怎么能消极地对待我的环境、我的国家和我的同胞呢？"不过，除了他所说的"感性的一面"外，克里斯托也认为，"当我们客观地看待南非和非洲时，今天已经有足够的证据证明非洲的时代到来了。宏观数据证明了这一点；大约一年多前，全球十大增长最快的经济体中六七个是非洲国家。"

为什么南非人如此消极地对待自己的国家呢？在克里斯托看来，多年来，南非人，尤其是南非白人，已经习惯了"比勒陀利亚会搞定一切"的概念。他认为那些过去强势的群体有义务向那些过去弱势的群体证明民众能够且应该为自己做一些努力。"不幸的是，在许多情况下，这些实例并没有出现，因为抱怨也从未停过。'市政府没有修复我家门前坑坑洼洼的街道'——填补一个小坑只需50兰特，但那些住在价值几百万兰特别墅中的人，他们永远不会自己去修补坑洼。他们在等市政府来处理问题。对于那些住在连柏油马路都没有的居民区内的民众来说，他们这样做树立了什么样的榜样呢？"

克里斯托已经涉足各种行业，但是抛开特定行业的性质，他认为人总是决定成功的不变因素。"这一切都归结到管理的质量，是那些付出额外努力、提前一个小时起床、多熬夜一个小时完成任务的人——是人们的激情促成了一切，而不是其他。"

当谈到给可能会考虑移民的年轻人提建议时，克里斯托说，近年来，谈论移民"对我来说已经变得越来越容易：'你就看看你的周围，然后看看世界其他地区'——俗话说，别人家的东西更好，但你看看欧洲已经发生了什么。一位接一位的经济学家告诉你，未来5到10年欧洲的经济都难以复苏。大多数欧元区国家已经破产。"在整个"弊端列表"中，他指出了欧洲的人口老龄化，自然资源匮乏，以及来自世界其他地区日益激烈的竞争等问题。"你宁愿呆在欧洲，让你的养老金和其他一切都受到威胁，而不愿在南非吗？"

且不说经济发展潜力，他认为"我们生活在天堂之中"：我们的气候宜人，食物绿色健康，人口相对较少。在欧洲有一件事总是令他烦恼，他说"无论你多么富有，当你穿行机场，走在街上或开车上路，你总是穿梭在成千上万的人群之中。而在这里，我们十分自由自在。尤其是在开普敦，如果我们的交通堵塞十分钟，就会感到非常不自在。而在伦敦，堵车一个小时，一个半小时是家常便饭。"

采访播出后，《商务24》商报申请允许其在它旗下的《映像报》(Beeld)、《公民报》(Die Burger)和《人民报》(Volksblad)等三份阿非利加语报纸上以文章的形式发表。这不是对我的褒奖，而是他们对克里斯托表示尊重，听到一位以南非为豪的地道南非人畅谈纵论，令他们耳目一新。

企业成功的核心要素

克里斯托说，在佩普百货，他们认为如同每个人应该有一种生活理念，每个企业也应该有自己的理念。集团创始人雷尼尔·范·鲁耶恩（Renier Van Rooyen）将企业理念概括为5个原则：信仰，努力工作，热情，积极思考，同情他人。

"你的企业要是有了这五个要素，并能发挥运用，你就会走向成功。"

◀ 第二十六章　查尔·塞内卡尔 ▶

农场主,塞内卡尔制糖公司企业主
访谈于2012年7月15日播出

查尔·塞内卡尔(Charl Senekal)的父亲是老师。查尔在制糖业当了13年的实验室技术员后,决定买下一个小农场,放手一搏,做个蔗糖农场主。从小规模起步,查尔已经将自己的农场企业塞内卡尔制糖(Senekal Sugar)发展成为世界上最大的私营食糖生产商之一。

在南非较大、较成功的农场主中,我想邀请一位作为这个节目的嘉宾。农场主本质上是个商人,通常也是卓越的企业家。农场主和其他企业领导人之间的唯一区别就是他们从事初级粮食的生产。

我在物色人选时,一个名字反复出现——制糖农场主查尔·塞内卡尔。查尔在2003年被评为南非年度农场主。他积极投身于推动新兴农场主的发展,并认为农场主有义务帮助提升他们周边社区的生活质量。我们前往夸祖鲁–纳塔尔省北部的姆库泽(Mkuze)和查尔在他郊区的野生动物养殖场见面采访。

查尔的成长伴随着这样一条教诲:塞内卡尔家族要为他人工作,而不是为自己。当他着手自己的公司业务时,这种思想倾向是否影响了他的自信呢?查尔立刻表明,他从来没有怀疑过他自己的能力。"我所怀疑的是我是否有机会来证明自己。而这需要非常努力地工作。"

在制糖业当实验室技术员13年后,他决定转行农业。他收购了一家45公顷的小型农场,并辞去了他原有的工作。我问查尔,辞去正规的工作转到充满不确定和风险的农业,他是否怀疑过自己的决定是否明智。他坚定地回答:"一次也没有。"经营农场约一个月后,他的确暂时回到自己原来工作的地方,临时替代他以前的老板干了6个星期:"他付给我的工资来得十分及时,而我必须支付农场的转让费。"查尔不在的这段时间,他的妻子负责照看农场,"我不得不说,她管理农场绝不亚于我"。

从查尔身上,我试图发现他在制糖业当技术员的经历是否有助于他后来的成功。他会向年轻人建议在创办公司之前应当先在某个特定的行业工作吗?就他自己而言,查尔认为这是"绝对正确的选择。我在工厂获得了丰富的经验,我当过糖厂的首席分析化学家,还是甘蔗测试部门的负责人,这让我有充分的时间来精炼自己的技能。等到我开始经营农场时,我已经是一颗打磨得锃亮的钻石了"。他经历过"制糖业每个可能的流程",而且是免费学会了这些技能。"我开始经营农场时,我比大多数推广人员更懂甘蔗种植。"

从第一个小农场开始,查尔逐步成为世界上最大的私人制糖农场主之一。他的农场每天的柴油费用需要20万兰特,每月的电费要超过120万兰特。他取得成功靠什么呢?"全身心地投入,"他立刻说,"我的整个家庭都在助我成功。这是一个美丽的故事,其中,有我们奋斗的日子。然而,决心、勇气和毅力一直伴我至今。在制糖业当了32年的农场主,我对经营农场的热情一如创业之初。"

塞内卡尔农场运营的一个重要转折点是焦济尼(Jozini)管道的建设。该管道为姆库泽提供来自原庞格拉伯特(Pongolapoort)大坝的水源。这条管道背后的故事体现了查尔的果敢和创新思维。10年前,这个项目的花费要超过4 000万兰特,被认为无法实现,但查尔却以一半的价格建成了管道。我想听听查尔本人的说法,这件事是怎么做成的。他说,在获得项目批文时他们很自然地走了正确的渠道,"一开始项目就进行得很顺利。每个人都说这条管道很急需,但我们必须要等批文"。

1999年12月31日,查尔在德班的公寓里听到了时任副总统雅各布·祖马(Jacob Zuma)的新年致辞。祖马宣称2000年是"人民基础服务年"。2000年1月初,查尔打电话给在开普敦的祖马,告诉他:"我们听了您的致辞,深受鼓舞。我们生活在姆库泽——祖马很熟悉姆库泽。我们想铺设一条供水管道,但我们听说国家也有此计划。请不要让国家来铺管道,我会来做的。国家花钱要提供饮用水的这些社区我照样会供水,整个花费需2.1亿多兰特。"

祖马问他这样做图什么,查尔说,他想同时用焦济尼大坝的水灌溉他的甘蔗种植园。祖马对这个项目非常感兴趣,于是让查尔和他的妻子即刻前往开普敦,以便听听他们的故事。"第二天我们在打包箱子时,电话响了。祖马先生的秘书告诉我们在家耐心等待,副总统已动身来看我们。两天后,他到了,我们谈得很投机。"祖马对"这个项目印象非常深刻",说他们可以推动该项目,但必须在一年内完工。查尔就把他的难处告诉了祖马,他已经准备好了,"但我还是必须要遵循这30条原则,才能通过环境事务和其他部门的评估拿到批文"。然后,他对我说,"你不明白吗? 我刚刚已经给你开工许可了。"

查尔说,水管"确实是帮助确立塞内卡尔农业经营地位的原因之一。这是一件你能做,而别人不打算要做的事情"。查尔说,他们从英美资源集团(Anglo American)手里买下农场,在彼得马里茨堡(Pietermaritzburg)①签约那天,"那人对我说,'哦,你真地认为你能从大坝引水?'我不得不承认,他看透了我的想法;但他表示,英美资源做不成,查尔·塞内卡尔也绝不可能办到。但现在,这个农场为35万人提供饮用水"。

我想把谈话拉回到商业农场主及其在国家中的作用。查尔在细说农场主的领导地位以及他对自己当南非农场主为什么如此自豪时,他的激情富有感染力。他说,在南非,"农场主是领导者,而且大家就这样认为"。查尔估计,约99%的"大商业农场主、超级农场主,都已经参与社区生活水平的提高——包括建设学校、提供公交服务、供水以及提供务农意见等"。

---

① 南非纳塔尔省首府。译者注。

他们已答应政府扩大这种参与度，"因为在我国，商业农场主就是农业知识的活字典。我总是说，这是农业知识在起作用。大家都知道，你可以把任何难题摊到桌面上，他们会马上拿出一个很好的解决方案"。对于查尔来说，把这种专业知识传输给"小农场主，帮助他成为大农场"，这是至关重要的。正如他所说的那样，"我希望他们能够茁壮成长。我不希望他们拿走我的农场。我想帮助他们把自己的农场建成像我的农场一样。这才是有意义的，难道不是吗？这样，我们国家将会有两类农场在生产，因为在这个阶段，我相信大家都已经知道，2025年左右世界将面临粮食危机，而我们需要为那个时候做好准备"。

鉴于南非的政治不确定性，如果今天查尔不得不做出选择，他还会选择成为一个农场主吗？很显然在他心中是毫无疑问的。"肯定会，"他斩钉截铁地说，"这是我的使命。这就是我喜欢做的事情。"因为他"善于与人打交道"，他喜欢"化敌为友，只要给对方一个更好的底线，很容易做到"。

我问查尔，支撑他管理世界上最大制糖企业之一的基础是什么？当他回首往事，哪些做法是对的呢？查尔认为，在过去25年里，他任命优秀的人才，"业界专家给予我巨大支持"，但他最有力的支持来自他的3个儿子，即德雷尔（Dreyer）、查尔（Charl）和安德烈（André）。"没有什么事情大到我们处理不了的"，因此，3个儿子成了鼓励他开拓新项目的人。举个例子，查尔提到，他们与比利时一家专门从事可再生能源的公司签订了协议，在农场建发电厂，生产"绿色"电力。同时，塞内卡尔又在进行制糖农业的大举扩张。这些都是大规模的项目，"同时进行让很多人感到害怕，但我们齐头并进，因为我会授权孩子们去做"。他的女儿最近结婚了，查尔补充说道，"她又给家庭带来了一位优秀的农场主"。

采访过程中，查尔对自我的低调、对自己能力的谦逊给我深刻印象。这也证明了他的行事是与生俱来的谦逊，又融合了不可动摇的信念。我问他说过的"你应该相信自己"是什么意思，他解释说："相信没有人能做得比你更好。祈祷，祈求上帝'给我力量，给我洞察力，帮我解决这个问题。'一旦你做到了，你仍然需要相信你自己。你必须说，'我不是一个普通的人，我想成为一个不平凡的人'。与他人分享你的知识、你的经验和你的幸福，因为这样你才能前进。"

当我反思采访时，我再一次意识到了成功的企业（在这里是农业企业）在社区中扮演的角色是何等重要，而人们往往对这一事实轻描淡写。同时，成功的商业农场主有义务提升农场所在社区及其周围社区的生活质量。在我和查尔的谈话之后，我相信绝大多数农场主正在豪情满怀地应对这一艰巨的任务。

给年轻农场主的重要建议

- 农场主会忽视农场经营的财务状况。"当你开办农场时,你必须知道,这个月你可以做到收支平衡,下个月也可以。"他补充道,你应该马上制定预算,并"以铁腕手段进行控制"。
- 坚定不移,不要泄气。
- 竭尽全力做工作。
- 自律。"一旦有了收入,许多人会立刻买4缸4驱的豪车,并给妻子也买辆小轿车,然后他们就会开始遇到现金流问题。对这些无节制的人,银行只会嗤之以鼻;而那些自律的人,他们会有大量的时间和金钱。"

给要自己创业的年轻人的忠告

- 全面做好准备工作。
- 与专家讨论你的计划,并听听他们的意见。
- 确保财务状况良好。
- 相信自己,信任自己。

◀ 第二十七章　克里斯·范德·莫维博士 ▶

库罗控股私人教育集团①创始人、总裁
访谈于2012年7月22日播出

克里斯·范德·莫维（Chris van der Merwe）的父亲早年去世后，他和他的妹妹都由母亲带大。家境困窘并没有阻止克里斯追逐他的梦想。他取得了小学教师资格后，教了多年书。1997年，获得了斯坦陵布什大学博士学位，毕业论文的主题是学校卓越教育。1998年，借贷了一大笔资金创建库罗集团（Curro），当时只有一所学校。如今库罗集团是约翰内斯堡证券交易所的上市公司，市值超过30亿兰特。

---

① Curro教育集团，与Spark Schools、Nova Schools和Basa并称南非四大教育集团。译者注。

无论在采访前、采访中还是采访后，有一点非常清楚，克里斯的一生围绕着孩子的教育运转：该怎么教育，如何完善教育。正式采访前，当克里斯带我参观库罗总部办公室时，两件事引起了我的特别注意。第一件是一堆学生父母希望自己的孩子在未来几年入读各类库罗学校的申请。看起来很多家长将感到遗憾，因为申请人数远远超过了学校的容纳量。第二件引人注目的是技术的使用：克里斯对每个学校每个年级每个孩子的表现，对每个老师所带学生的表现了如指掌，连每一次进度测试的成绩都知道。

我们从克里斯的童年（父亲去世时他才3岁）谈起。克里斯对母亲心存敬意。母亲"付出巨大的牺牲"把他和妹妹抚养成人，并"通过她的积极思考和让孩子接受良好教育的坚定信念"确保他们成才。他永远不会忘记，母亲"教导我们在逆境中成长"，让他们相信自己。

采访刚开始，克里斯身上的教师天性就显露无遗，对几岁让孩子上学提出建议。克里斯自己提早一年上学，"总觉得在心理上我和同班同学不像在同一水平上"。在教学上，如果孩子小时候心理发展滞后，"我们发现让他们迟点上学毫无疑问是很有好处的"。不过，他强调推迟上学应赶早，"我觉得在学前班和一年级左右就推迟比较好"。

毕业后，克里斯决定当小学老师。他的这一决定成效非常好，而且自己也非常喜欢教书，但那时他家境贫寒，其实没有别的选择。"有一天校长召集所有十一年级的男生，告诉我们小学里缺男教师：'教育部会提供大学奖学金，谁想利用这个机会？'于是，很多同学顺理成章地抓住了这个机会。"

他先是当老师教书，后来搞教育集团经商。在谈他的职业生涯前，我想先听听克里斯的意见，看看他研究生阶段的学习对他的成长和后来的成功起什么作用。在克里斯看来，扎实的学术背景给人"强大的信心"。当创业人士问他什么是黄金法则，他说，"我总是不假思索地回答他们：'你必须对自己要提供的产品或服务了如指掌'"。他相信他博士阶段研究学校的卓越教育帮助他"全面了解在南非需要什么样的教育服务"。

1993年，克里斯带着他的教育公司（Skoolkor）商业计划迈入商界的第一步，该计划旨在帮助学校各类课程生产配套教学材料。克里斯说，他们开始创办公司时，只有6个没有任何商业经验的老师。银行帮助他们制订了"一个小微企业计划"，可凭此贷款6万兰特。每个合伙人须担保1万兰特。克里斯回忆说，当他告诉他母亲时，她就说："儿子，这生意很危险。"他说，尽管一直面临"保持开支低于透支底线"的挑战，公司业务进展相当顺利。他认为，那些年的经历帮助他磨练了经商能力。

克里斯强调教育公司办学经历中的两个经验教训。首先，发现"用兰特计算的营业额很大，但净利润很小"时，简直大为吃惊。他学到的第二个教训是，"当你坚信你的产品，充满激情去推广时，你会得到很多客户的支持。当然不能忘记的是，产品自身必须是个好东西。

在个人层面上，教育公司对克里斯·范德·莫维的发迹作出了极大贡献，难以用金钱衡量。克里斯说："它埋下了理想的种子，我可以通过自己的努力创造收入，这对我的自我形象非常有利。事实上，我认为教育公司帮助我储备了足够的商业智慧，使我们可以开始创办库罗学校。"

1998年，库罗学校在德班韦尔柏格森荷兰归正教会（Bergsig Dutch Reformed Church）的主日教区学校成立。是什么促成了这一步？克里斯解释说，1997年他获得博士学位时是克莱芳登（Kraaifontein）塞隆（Theron）小学的副校长，他申请了教育部课程专家的职位，但没有得到那份工作。当时国家表示要取消C类学校（Model C system）①，他和妻子经过深入讨论，得出的结论是"小型私立学校大有市场，于是我们决定自己开办学校"。由于他们有教学经历，克里斯和妻子知道"办学这个产品真的非常好。我们的推理是，我们只不过是让学校回归社区，但要收取费用"。

对于很多新创办的公司来说，有商业计划有机会是一回事，但真正的考验在于计划的执行，而实施计划需要资金。1999年5月，克里斯测算出需要700万兰特来实施其计划。他有造房子的经验，他们办学校需要建校园，这种经验就派上了大用场。"我提议建学校，起草了一份非常简单的商业计划，前往南非联合银行去寻求我们需要的700万资金。"他相信银行会批准放贷，因为这种模式"技术上成熟可靠"，有市场需求。相对于公立学校的大班，家长更喜欢小班化教学，更何况国家的教育政策存在不确定性，"因为没有人知道结果导向的教育对国家而言意味着什么"。

库罗的下一个大发展发生在2009年。当年学校获得PSG集团注入的资金，随后又成功地在约翰内斯堡证券交易所上市，这将推动库罗建立大教育联盟。不过克里斯说，他们和PSG的"联姻"无论如何有点儿运气的成分。当时东比勒陀利亚哈泽德内（Hazeldene）小学的家长想要一所独立的高中，而库罗当时的模式是"在社区建立小学中学一贯制的学校，从学前班到12年级的所有孩子在同一个校园接受教育"。在一次会议上，其中一位叫简·凡·维克的家长问PSG的杰米·穆顿是否愿意投资建设独立的高中。"两周后，杰米来拜访我们，问可不可以对整个库罗集团投资50%的份额。"克里斯说，"2009年库罗的市值达到一亿兰

---

① 南非种族隔离时代的半私立白人学校，新南非成立后被废除。译者注。

特,于是他们向库罗注入5 000万兰特。"这次投资开始了我们和PSG之间的联姻。此后,我们设计了一个新的商业计划,目标是在2020年前建立40所学校。

如今库罗的市值超过30亿兰特,而这源于一个教育工作者凭借对教育的热情起草的一个商业计划。从采访中很容易看出,提及教育,克里斯非常清楚自己在做什么,不过我感兴趣的是想知道,就融资和现金流等因素而言,他认为什么是最重要的。克里斯认为,作为一个企业家,你必须"把所有的问题放在桌面上",对银行家开诚布公,让他和你一样充分理解你的商业模式。"无论是正面的还是负面的,如果你不对银行家和盘托出,他就不能完全理解你的企业,那我认为他不太会愿意和你一起冒险打拼。"

他的财务"红皮书"是他的"指南针",克里斯解释道,"做任何生意都需要指南。因为作为企业家,每天你必须评估你的企业和你自己,以便确定商船是否仍然按照正确的方向航行。"他的妻子在做企业财务"红皮书"时,他们通常是计算出年营业额,除以12个月得出月度营业额,然后,将每月营业额除以30计算出每天的营业额。每天早上9点钟,她会提取一份银行账户的对账单。克里斯说,他的红皮书"预测每日结存,包括收入和支出",如果他每天早上9点拿到的结果和他的预测相符,"我就知道公司是沿着正确的方向前进"。

访谈播出后,各种咨询,尤其是来自家长和老师的咨询让我应接不暇。贯穿各类问题最热门的主线很简单:家长想知道克里斯是否会在他们所在地区办学校,老师想知道他们该向哪里投送简历。观众的这种热情响应极好地概括了我自己对克里斯的印象。

给创业者的建议:如何将商业计划讨诸实践,打造一个成功的企业

- 你必须对自己要提供的产品或服务了如指掌。这给你竞争优势以及"用热情和信念推广产品的信心"。
- 你要投入必要的时间并应该意识到它需要极大的献身精神。
- 你的计算和预期应该是实事求是的,你需要每天监控现金流的流向。
- 你应该意识到你将面临巨大的挑战,甚至可能会破产。"生活充满了起伏","在你的整个职业生涯中有顺境有逆境",你得随遇而安。
- 永远不要泄气,即使是身处逆境时。"如果你已经完全气馁,那就再试一次。"
- 获取家人的支持,特别是配偶的支持。把他们放在你的蓝图中,与他们分享你的商业计划,这样"他们可以和你一起迎接每一个机会,每一次挑战,这赋予你更容易缓解压力的能力"。

◀ 第二十八章　彼得·斯科特 ▶

电影出租公司视频先生企业主、总裁

访谈于 2012 年 7 月 29 日播出

　　彼得·斯科特（Peter Scott）出身商贾之家：父亲开了家自行车商店，母亲是开家具店的。读书时，他就打工赚点零用钱，起先是在一个电影院，从 15 岁起在一个录像租赁店干活。酷爱电影。19 岁起，他开始经营自己的录像租赁连锁店。4 年后彼得卖掉连锁店。1994 年，他创立视频先生公司（Mr.Video）。该集团目前在南非和纳米比亚有 200 多个特许经营网点，是非洲最大的电影租赁商。同时，彼得也在南非参与电影的融资和拍摄。

彼得的故事，简而言之，就是一个从最初在录像租赁商店打工的学生最终变成全国最大的电影租赁公司老板的故事。在我们的谈话中，最明显的是他对电影的酷爱以及一切与电影有关事情的兴趣。

我们在他家里的电影院拍摄访谈。如果你看着那些纪念品并给彼得一个机会，他会告诉你他和电影圈子中几乎所有明星的见面情况，并用照片生动再现当时情景。从录像租赁商店打工的男孩成长为视频先生集团的老板，并对南非一些最著名的故事片提供融资支持，这一切背后的驱动力就是他对电影的酷爱。

由于缺少零花钱，读书时彼得就开始在电影院打工，这样他可以看上电影。但作为电影院员工有个问题，他解释说，因为你有任务，"没法看电影的开头和结尾"。15岁时，他换了个工作，到录像租赁商店打工。他们按理应在晚上8点关门，但是由于彼得看电影喜欢从头看到尾，于是他一直到晚上10点钟才打烊。客户非常满意，商店也多做了生意，老板对营业额不断增加很开心，于是"他想让我多做，多轮班。所以后来我也是尽可能多地轮班"。难怪客户给彼得起了个"视频先生"的绰号。

中学毕业时，正好遇到老板决定出售录像租赁店。很多人会认为大事不妙，但在彼得看来这却是个机会。他找到店老板恳求给个机会让他买下这家店："我真的很喜欢我在做的事，我准备自己开个店，请您帮助我。"他用自己手头的500兰特，做了些架子。他用从父亲店里拿来的油漆把架子漆成了蓝色。老板把店里的电影拷贝也卖给了他。"我用6个月还清了所有的钱，这就是我开的第一家店。"

像所有的创业者一样，最初的几个月是困难的。彼得面无表情地回忆起生意开张的第一个晚上店里被盗了。那时他没钱买报警系统。整个晚上的营业额，"我赚到的第一笔钱150兰特"就这样没了。

接下来的几年里，他扩大了生意，增开了更多的租赁店。但25岁左右的时候，有人给他开了个价，他就把这些店卖掉了。当他回顾这一决定时，彼得说他意识到这笔交易是一个错误，他被购买价格蒙蔽了。"有时候你必须在出售前反复思考"，他承认，"有时你必须坚守，不能放手太快"。

卖掉租赁店后，他在尼斯娜（Knysna）呆了4年，他描述那段时间"真的很惬意"。他说，"我坐下来，进行思考，规划我的未来"。视频先生集团这个想法就是这样来的。他有机会反复思考，把他设想中的公司的方方面面都想到了，他不但要做得与众不同，而且连名称应该是什么都想好了。起个合适的名字的确花了不少周折，他说："突然有一天它出现在我的脑海中：视频先生！"

视频先生创立于1994年，集团目前已经发展到200多家门店。集团的成功有何秘诀？彼得把他"对这一行业的酷爱"列为首位，其次是毅力和勤奋。最重要的成功因素，他认为是"长时间的工作和我对事业的激情"，以及为客户提供的优质服务。

问及对电影租赁行业未来的看法时，彼得坦率地回答他们面临的障碍。他说，为了应对不断变化的技术挑战，他们必须进行创新把事情做得更好，"以保持技术领先"。他说，南非在技术创新方面远远落后于世界上其他国家，不过这对他们这个产业十分有利。他认为，他们最大的问题是盗版和反盗版的法律没有实施。在他看来，立法阻止集团独立购买、引进海外电影是另一主要障碍，这也可能会导致大量员工失业。

彼得对机会自有特定的见解。他相信所有人都有机会，区别在于怎么利用机会。"有些人得到机会却轻易让它溜走了，"他解释说，"有些人得到机会却没有充分利用它，而有些人利用机会取得了成功。"彼得引用他父亲常说的一句话，"每个人都有自己的黄金5年"，而他说他认为他的黄金5年依然在未来。

这次访谈的核心是酷爱原则：酷爱所从事的行业。在彼得的案例中，他做的不是一份工作——而是一种生活方式。如果你找个光辉的榜样，他的娱乐和爱好正好是他的工作，那除了彼得别无他人。

对于青年创业者的建议

- "如果你不热爱你所做的事，还不如不做。"
- 毅力至关重要，他引用一句话加以佐证："成功的秘诀是坚持到别人放弃之后。"
- 你必须积极参与公司业务：公司是将激情和毅力结合在一起的地方。

特许经营行业的经销商（无论是餐厅或电影租赁店）要获得成功需具备什么素质？

- 特许经销商应该是有激情的"经营者"，而不是投资者。
- 他们应该参与企业的日常管理。有些人"只想每周来取一次钱。这样做不行"。

◀ 第二十九章　安德烈·傅里博士 ▶

坡印廷天线公司董事长
访谈于 2012 年 8 月 5 日播出

安德烈·傅里（Andre Fourie）在韦尔科姆（Welkom）和克莱克斯多普（Klerksdorp）这些说阿非利加语（Afrlkaans）的城镇长大。1981 年，他决定到金山大学学习工程学。1991 年，他获得博士学位。1992 年，他成为金山大学最年轻的理科教授之一。2001 年，安德烈和几位同事创建了坡印廷天线公司（Poynting Antennas）。2005 年，安德烈退出学术界，全职加入公司。2008 年，坡印廷公司在约翰内斯堡证券交易所上市。如今，公司有 120 多名员工，营业额约 8 000 万兰特。

我得知安德烈思维敏锐但行事低调。在没有找好论据,想好怎么论证之前,你不要和他进行辩论。有些人学术造诣高,有些人博览群书,要是有人两者兼备,你得掂量掂量自己在讲些什么。

尽管安德烈的家庭和中学教育完全用阿非利加语,但他决定去金山大学攻读英语授课的工程学。我们的谈话就从他的这一决定开始。安德烈承认,刚开始要适应金山大学这种不熟悉的环境十分艰难。"我总是说,像我这样在韦尔科姆和克莱克斯多普镇长大的,唯一与讲英语的人有接触是我们这些男孩子各自拉起帮派,互掷石头并用各自语言对骂的时候。"但他是一个有冒险精神的人,想体验一下不同的文化。他对金山大学这个优秀学术机构的仰慕之情对他的决定也有影响,"尽管那时政治上还是采取种族隔离制度,去那读书很不合时宜"。他来自教育质量较差的公立学校,而他的很多同学上的都是私立学校,这让他最初几年适应期的困难加剧。尽管刚开始他"远远落后"于别人,但久而久之也就不那么难了。

一旦适应了,安德烈的学习便突飞猛进;1991年,获得了博士学位并且在很年轻的时候就被评为教授。当我问他扎实的学术背景是否对他生意上的成功很有帮助时,他的反应却令人出乎意料。作为一个商人,他并不认为多读书是个好主意;"像史蒂芬·乔布斯、比尔·盖茨这样的英雄人物",他们将自己的时间投入到创办企业、运营企业中,"他们才是更好的创业家。"

就他而言,安德烈说道,他非常喜欢作为学者得到的学术训练。他喜欢学术,可以"发明新东西,并为此和其他学者一起合作"。他讲到在大学工作时的氛围,他认为"非常棒,因为在那些日子,金山大学允许你做任何想要做的事情"。你可以自己创业,就像他和同事那时候做的那样。安德烈认为,那时的情况"使创业成为可能,实际上我认为以我的背景,我不是真正会成为企业家的那种人。但是我决定我要开始做自己的事情"。

回想起在金山大学的时光,印在脑子里的是作为一个学者所拥有的自由。你可以干点私活,如果干私活的时间超过了工作时间的20%,那么他们少付你点工资;不过你可以继续你的教学工作,只要能完成大学对你的要求:培养优秀的学生,招收研究生,在学术期刊上发表文章。"这对一所大学来说很重要,我相信这样的授权是非常了不起的。金山大学造就了像南非信息科技公司(Internet Solutions)这样的公司,我认为这都是因为学校的自由氛围。"

2001年,安德烈与金山大学的其他8位"工程师"一起创立了坡印廷天线公司。他们中的大多数刚开始都是他的学生,但有一些在此期间已经获得理学硕士学位和博士学位。公司进展如何？为什么是在那个特定时候创办公司？安德烈解释说，那时他们已经在金山大学开展咨询业务将近10年，内容包括“为飞机、船只之类的设备提供极为尖端的军工产品咨询”。这种咨询工作通常也会引起他的研究兴趣，但是他说他一直觉得“真正的商人”是不会去开咨询公司的。“我认为我们可以做一些大生意，所以我们决定在2000年开始制造天线，因为这是搞实业，不再是玩玩的了。”他们在约翰内斯堡郊区的韦恩堡买了一栋大楼，那里的房价“十分便宜”。9位同事搬入3间办公室，“公司就从那里开始发展起来”。

如今，坡印廷公司拥有120多名员工，其中，许多是极为优秀的科学家。为什么这样一个能力超强、具有专业技能的团队决定在南非制造天线呢？

安德烈将其归因于高科技设计和低技术制造完美结合所带来的吸引力。设计工作非常复杂，而且很专业化，然而生产过程相对简单。“在南非，你要的是相对低技术的制造业——换句话说，就是有人把零配件旋紧拼装即可。这些简单的工种在南非到处都是，因此我觉得南非是理想的地方。”

我希望我们更进一步来看看技术问题，看看他们如何将一个绝妙的主意变成一个成功的公司。这位曾经的教授成功地做到了这一点，他的公司已经成功地在约翰内斯堡证券交易所上市，他们的产品已经出口到世界各地。对于那些认为自己有好想法的年轻创业者，他会有什么建议呢？

安德烈认为，凭借自己的亲身经历以及他和同事们获得的经验，他是提供可靠建议的最佳人选。他说像他们这样的公司，“通常是从几个技术人员开始的”。虽然技术感很强的人能够想出聪明的想法，但是他们往往“过度相信”自己的产品。“我们玩着自己的玩具，而不是看着市场，但我相信最重要的方面是市场和营销。”他们不在那些能推销他们的产品，但却忽视全面市场调查的人身上投资。“所以要记住的第一件事是，你需要做恰当的营销。你要知道有些人是要从他们的口袋里掏钱买你的产品，这样的人还很多，所以你要有人去说服顾客购买。如果你没有，那么你正走在一条非常危险的道路上。”

安德烈补充说，要把一个创新的想法变成一个公司的最初步骤，启动资金永远是首要问题。“别从风险投资家那里获取资本，”他警告说，因为他们会让你陷入非常困难的境地。“宁可从小公司做起，确保能赚到足够的钱先可生存，然后能发展。把你的产品投放到小市场上，至少你可以卖掉一些。”他建议，“你必须确保你可以开始赚钱，在决定向别人借钱之前，先要知道你能做什么”。他还强调，在公司的早期阶段让懂金融的人参与进来非常重要。

安德烈说，2008年，坡印廷在约翰内斯堡证券交易所上市，这是由他们想在这个领域成为世界领袖的梦想促成的。为了实现这一梦想，他们希望收购其他一些业务相符的公司，而公司上市为他们获取所需的投资资金打开了通道。公司上市是一个里程碑，标志着他们对未来的展望，不仅对自己，而且也对外部世界。

安德烈坚持认为，人们在工作时需要有"创造与众不同"的理念来激励自己。我问，这有什么意义。他强调这是一个核心原则，无论是在生活还是工作中。他认为，如果你创办公司的唯一目的是赚钱，你还不如去关注投资或者类似的东西。以坡印廷天线公司为例，他们以创造"使人们更好地沟通、建立联系"的产品为动力。安德烈深感人应该被"我想为人类做点什么"这样一种驱动力鞭策。他说，当你在某个地方开始工作时，"你应该说：'我想让这个地方与众不同'；我们总是说不想与众不同的人无关紧要"。他指出圣雄甘地说过"改变世界从与众不同开始"，他承认他讨厌南非普遍存在的"抱怨和发牢骚"。"如果路上有个坑，而你自己还没有填过两个坑，那就不要抱怨路上有坑。"安德烈坚信，"如果每个人都做点小小的改变"，那么我们的问题将会少很多。

整个采访中，我发现安德烈言下之意对南非和非洲的发展非常肯定。他为什么要挑选这块大陆？"在我看来，我们正处于这个世界上最振奋人心的地方，"他坦诚地说。很长一段时间，因为去殖民化后遗留了大量的问题，非洲非常不被看好。"当然现在这种态度正在改变，因为每个人都意识到非洲是世界上最后一个未被开发的地方。"他认为机遇无限："诚如所言，这里充满活力。"他到过欧洲国家，到过其他一些南非人想要移民的国家，如澳大利亚和美国。"与我们相比，那些地方死气沉沉，"安德烈说，"这里的一切生机勃勃。这里的人们机会众多。你可以花很少的钱开始做你想做的事情。"

个人商务建议

在我看来，积累经验很困难，但很重要。大多数人在年轻时都太急于创业，他们不想要积累经验的过程。我在一家制造天线杆和天线的小厂干了一年，这个厂只有一名员工。尽管条件很艰苦，但我认为我获得的经验极有价值。我经常和那位比我年长的老板闹矛盾；像这样只有一名员工的小厂，其老板通常比较执拗，不太希望其他任何人来作决定。一年后我给老板最后通牒，说我想要天线这部分业务的多数股权，否则我就走人。我当场就被解雇了！于是第二天我开办了自己的公司。即使当时环境很糟糕，但是现在我发现我学到的现金流、员工、销售、营销、流程管理等都是非常有价值的！

以实践作为起点

我建议，你在想要从事的行业找个合适的小企业，即使收入很少也没关系。它必须是小企业，这样您就可以接触到企业的各个方面（如银行往来业务、客户、职务任命、采购、销售等）。此外，从一开始就应该给自己设定一个目标，要么接管这家企业，要么建一个新的子公司，要么两年内辞职，否则你过得太安逸啦。

关于学历

我认为，如果你想成为企业家，最好不要读MBA或正式的商务课程。这些学历的目的通常是保证你在大公司获得高薪，这个目标通常可以实现，然后你就舍不得离开了。在很年轻的时候，在你没有过多家庭责任前，开始创业有很大的优势。找个也有工资收入的人结婚。所以，商科学历对一个有前途的创业者来说并不是非常重要。多读书，去上一些财务管理、销售和营销方面的短期课程，并与这些领域内的专家建立伙伴关系，或者在企业内聘任一些能人。

◀ 第三十章　贝尔斯·特鲁特 ▶

贝尔斯克鲁夫葡萄酒庄①主人、总裁
访谈于2012年8月12号播出

贝尔斯·特鲁特(Beyers Truter)有斯坦陵布什大学农学学士学位。他一心想酿酒，就在卡诺坎普酒庄(Kanonkop)②谋得一职。在那里，他确立了南非著名酿酒师和皮诺塔吉红酒(Pinotage)专家的地位。1988年，他买下了贝尔斯克鲁夫酒庄(Beyerskloof)。此后，该酒庄声名鹊起，成为南非最负盛名的皮诺塔吉酒品牌酒庄。

---

① 南非斯坦陵布什葡萄产区的重要酒庄，以产皮诺塔吉酒出名。译者注。
② 也称炮鸣之地酒庄，是南非斯坦陵布什镇上的著名酒庄，以酿造皮诺塔吉酒著名。译者注。

和贝尔斯见面时，你会立即被他对葡萄酒的酷爱震慑住；葡萄酒溶于他的血液，是他生活的意义所在，是他生命不可分割的一部分。所以，看来我们的谈话从葡萄酒文化、从他的这种酷爱的来源开始不失为明智之举。

令人惊讶的是，贝尔斯并不是在葡萄酒文化的熏陶下成长的。他的父亲是医院主管，在他们家里，唯一能体现出葡萄酒文化的是"我父亲会在星期天喝杯红酒，母亲也许偶尔会喝点甜葡萄酒"。他对酒的热爱要追溯到他在开普敦赞·范里贝克① (Jan van Riebeeck)中学读书的日子。"第一次有人给我介绍红酒的时候我大约才14岁，还在读书时就开始收集红酒。"可能是对母亲怀有歉意，他补充道："因为我认为母亲希望自己的孩子好好读书，而不是把收集红酒作为爱好。"

贝尔斯最初打算学医，不过他最终从斯坦陵布什大学毕业时，拿到的是农学学士学位。在他成为葡萄栽培和酿造师的路上，他被化学挡住去路，他不得不额外花一年的时间去学化学。他说，他从医学转到葡萄栽培和葡萄酒酿造事出有因，"6个月的学期过了大约80%后，我意识到在大学有更值得做的事情。我应该专注于我的爱好，所以我改变了方向去学习我的爱好"。当然斯坦陵布什的大学生活的其他方面也"非常好"，比如英式橄榄球和社交活动。"没有经历过这些的人，就不算来过斯坦陵布什大学。"

由于化学突然出现在我们的谈话中，我想从贝尔斯那了解为什么扎实的化学知识对酿酒师来说必不可少。他开着玩笑回答："很多年轻的酿酒师和其他一些人认为化学是某种形式的云团，酿酒师穿过云团，你瞧，葡萄酒已经酿好了。"然而，这并不是红酒的制作方法，"你必须懂化学。"他说，当你拿起一杯红酒，闻一闻，尝一下，"你还必须弄懂酒里的一切成分。看红酒的化学分析单时，要判断出葡萄酒质量的好坏。"

谈及他的学生时代，贝尔斯参与皮克 (Pieke)英式橄榄球俱乐部的热情就像他学葡萄酿酒一样。1976年，他们赢得了所有的奖杯时他是俱乐部的部长。"这对于没有进一步的职业发展，只能在第一级联赛中打几场比赛的学生来说，比获得世界杯还开心。"他最鲜活的记忆还是"社交部分"。他是宿舍委员会负责社会活动的学生干部。他们与女生宿舍一起组织了各种各样的活动。贝尔斯深刻认识到，在这样的委员会里面服务可以获得宝贵的经验，锻炼组织能力。"我认为生活中被点名要求去做一些事或者去某个委员会服务，年轻人绝对不应该说'不'。"

---

① 荷兰殖民地管理人，开普敦发现者。时至今日，开普敦很多地名以他的名字命名。译者注。

完成学业之后，贝尔斯开始在落叶果树委员会（the Deciduous Fruit Board）工作，但他心里想着酿酒。不过，要当上酿酒师可不容易。他是怎么在卡诺坎普这样一个出类拔萃的葡萄酒庄园获得工作的呢？贝尔斯说："说了你不信，这是去咖啡店买面包买来的。"一天他的妻子让他去咖啡店买些面包，他碰到一个熟人。那人告诉他自己已经得到了卡诺坎普酿酒师的职位，但还没想好要不要去。贝尔斯立刻告诉他："我根本没想到有这样的工作，如果那份工作还没人要的话，请让酒庄主人联系我。"第二天，酒庄的欧姆·詹妮·克里格（Oom Jannie Krige）给他打电话，并安排人在"同一家咖啡馆"联系贝尔斯去面试。

幸运的是，当贝尔斯的潜在雇主联系乔尔·万·威客（Joel van Wyk）教授做背景调查时，教授的推荐帮了大忙。贝尔斯说，万·威客的推荐大致如下："这人喜欢橄榄球，喜欢社交生活，他对葡萄酒学有专长，所以你们不妨一试，我赞同你们聘用他。"

在谈贝尔斯的酿酒师职业生涯之前，我想了解一下皮诺塔吉这一南非独有葡萄品种的起源。贝尔斯解释说，1925年阿布拉罕·伊扎克·贝霍尔德（Abraham Izak Perold）教授在斯坦陵布什镇用黑皮诺（Pinot Noir）和神索（Cinsaut）两个法国葡萄品种杂交培植出皮诺塔吉（神索在南非常被称为Hermitage，皮诺塔吉因此得名Pinotage）。"那时有四种苗木，"他说，"皮诺塔吉由其中一种繁育而成。"

作为一个年轻的酿酒师，我问贝尔斯在卡诺坎普的最初几年情况如何。他说他还在读书时就将目光投向卡诺坎普——这是他想要酿酒的理想场所。但是发现自己到了葡萄庄园，"前三四个星期，我甚至连酒窖的门都不敢打开。我太害怕了。"尽管在大学里他学到了酿酒的"技术部分"，但他觉得"机械部分"还是欠缺。他克服了恐惧，开始酿制葡萄酒。他们获取的第一个奖项是在南非新酿葡萄酒展上。"那时，新酿葡萄酒展就是一切"——如果你在那获得了奖项，"你就成功了"。

1981年，赤霞珠（Cabernet Sauvignon）红酒获奖的背后还有个有趣的故事。贝尔斯说，酿这个酒的时候，"每周我们从星期二一直工作到星期日，没有睡觉。当时酒窖里有三四个工人。有时我们一次要投料120吨——工人们只能躺在酒窖酒桶空隙间的地上打个盹。考虑到工人太累，我们会从葡萄园叫回几个采摘工人帮忙。有个工人叫可奈尔斯（Kerneels），我们叫他大兵（Soldaat）。一天晚上，他掉进了敞口的大桶，爬出来时把鞋子落在酒桶里。那年的新酿葡萄酒展上，装有可奈尔斯鞋子的那桶赤霞珠酒被评为斯坦陵布什最佳红酒。可奈尔斯对我忠心耿耿，可以为我做任何事情，看来是他把我推上酿酒师之路"。

20世纪80年代末，贝尔斯决定在自己的农场自己酿酒。当他看到一个出售"俯瞰西蒙堡山（Simonsberg）①"农场的广告时，他意识到，"这是理想的地方"。农场处于无人管理的状态，"一株葡萄也没留下"。贝尔斯查看它的历史时，发现这个农场最后一次酿酒是在1955年。"这刚好是我出生的那年。所以一切满意，百分百满意。"

他认为自己的职业生涯中有什么亮点？他的众多葡萄酒奖项中哪个尤为重要？对贝尔斯来说，有个奖项特别突出。1982年前后，他在自己的农场举办了一个品酒活动，酒会上他对一款1972年的西蒙斯格（Simonsig）皮诺塔吉留下了"极为深刻的印象"。来自西蒙斯格的弗朗斯·马兰（Frans Malan）是葡萄酒业的代表性人物之一。贝尔斯回忆道，他鼓起勇气，打电话问马兰是怎么酿出这等好酒的。弗朗斯用的是新橡木桶，这在当时闻所未闻。于是贝尔斯也开始用新橡木桶酿造皮诺塔吉。"每一次品酒测试时，用新桶陈酿的皮诺塔吉总是早早先于那些用旧法酿造的被人喝完。"那时候人们抵制木桶，"他说，"人们不希望酿酒用太多的木桶。"他在1989年酿造皮诺塔吉时首次增加了30%的新木桶，这款酒使贝尔斯赢得了1991年罗伯特·蒙大菲杯（Robert Mondavi Trophy）年度国际酿酒师奖。"这可能是我获过的最大的奖。"他认为，"它对整个酿酒业带来不少改变"，因为他是第一个获得该奖项的南非人。

我很好奇贝尔斯强调葡萄酒行业按10年来分期。红酒的最佳饮用期大约都是10年，他用解释来回答我的问题。现在葡萄树种的培育技术已很成熟，克隆技术也很完善，你可以五六年内酿出很好的酒。"但老葡萄树通常会给你一个更好的单宁酸结构。比如我酿葡萄酒时，我倾向于让自己在10年内尝试所有可能的变化，直到取得最好的结果。每过10年之后，我通常会说，再来个10年。"

贝尔斯让他的名字成为葡萄酒品种的代名词，说起葡萄酒必然要提到贝尔斯克鲁夫酒庄和皮诺塔吉，因此，贝尔斯通常被称为"皮诺塔吉之王"。他做了什么把他的名字打造成广为人知的品牌？贝尔斯说，当他开始接触皮诺塔吉时，这款酒"有点像红酒业的另类"。他们成功地提高了该品种的知名度，让它不仅在国内而且在全世界得到认可。虽然他一直酷爱葡萄酒，"但我更钟情于皮诺塔吉"。他不知疲倦地宣传葡萄酒，他"通过营销，通过请人品尝，通过亲自跟人们介绍来表达对葡萄酒的热爱。你看现在我已经谈了好几个小时。难怪我一直在掉头发，这都是每天要与人打交道，谈葡萄酒的缘故"。他认为，他为改善葡萄酒品质、支

---

① 西蒙山是南非斯坦陵布什镇重要的葡萄酒产区。译者注。

持葡萄酒事业付出的巨大努力,使他的名字和皮诺塔吉联系在一起。在贝尔斯克鲁夫,他们不仅酿造皮诺塔吉,还酿造皮诺塔吉白兰地、皮诺塔吉波特酒和皮诺塔吉玫瑰红酒,"我们真的是皮诺塔吉迷"。

贝尔斯·特鲁特成功地以自己名字作为品牌创建公司,而且最重要的是,这个名字在国际上已经与某一特定的葡萄酒品种联系在一起。倾尽全力,十年酿一酒,但是你并不能提前知道你的这些计划是否会成功。这不仅需要激情,还需要对事业坚定不移的信念。

皮诺塔吉的巨大成功全靠贝尔斯·特鲁特。他的不懈努力改变了这个品种的命运。没有这种激情,我仍怀疑皮诺塔吉现在可能还是红酒中的另类!

以你个人名义创建公司的挑战

- 最关键的是要与人打交道,"看你与客户打交道的程度。酿酒不难,但葡萄酒营销是最难的工作之一。你必须与客户打交道,并且不要浪费他们的时间"。

- 你必须掌握客户的情况,最终确信"连他妻子的眼睛是什么颜色、他的狗是怎么叫的都知道。你必须了解客户的一切"。

- 激情是一切。"如果酿酒师对他的职业、他的妻子、他的宠物、他的员工、他的土壤激情不再,那么他应该歇手,或是改做其他的事情了。"

贝尔斯的个人成功因素

- "到目前为止取得的一切都是上帝的恩典。有些人会说这是运气,但运气也是恩典。其他人会说我在合适的时间来到了合适的地方,但这也是恩典。酿造优质皮诺塔吉的两个主要因素是土壤和气候都是上天赐给的,这又是伟大的恩典。"

- "皮鞋。为了讲你的故事,推销你的葡萄酒,你穿破了多少双鞋子? 因为要参加品酒活动,多少个晚上你必须放弃坐在家里的炉火前享受悠闲之乐? 多少个星期你是在出差路上,要么是国内要么是国外,参加有美酒佳肴的晚会,或者和顾客交流,与他们谈皮诺塔吉和贝尔斯克鲁夫? 所有的一切都是靠皮鞋走出来的!"

- 灰尘。著名的牛仔哲学家路易斯·拉摩(Louis L'Amour)在他的一本书中说过:"灰尘浓于血。"酿酒绝不是一个人的表演。酿酒是一个团队的努力,是我们所有的农场工人、同事、酿酒师、葡萄栽培专家、媒体和所有的皮诺塔吉爱好者的共同努力。我身上有灰尘的痕迹,我与灰尘同行。

- "最后,皮诺塔吉是南非商业瓶装红酒中唯一用单独一种葡萄酿造的。这是一个独特的卖点,依我看还是个大卖点。有了这卖点,当然就好办啦。"

◀ 第三十一章 布拉姆·范·惠西斯汀 ▶

泰基镇①创始人、董事长
访谈于 2012 年 8 月 19 日播出

布拉姆·范·惠西斯汀(Braam van Huyssteen)在自由州的帕雷斯(Parys)长大。午后,他会在母亲的服装店里做家庭作业。起初,店开在帕雷斯,12 岁时他们搬家到了乔治(George)。在斯坦陵布什大学获得经济学学士学位后的 1989 年,布拉姆在莫塞尔湾(Mossel Bay)开了自己的店,有创业精神的母亲给予了大力支持。1999 年,布拉姆做成第一笔大交易,购买了价值 120 万兰特的鞋子,由此在 2001 年开办了第一家泰基镇(Tekkie Town)店铺。而后的 12 年,集团门店增加到 220 家,营业额超过 10 亿兰特。2011 年,布拉姆荣获安永青年企业家奖(the Ernst & Young World Entrepreneur Awards)的南部非洲创业大师称号。

① 泰基镇(Tekkie Town)南非著名服装销售连锁店。译者注。

我通过电子邮件联系布拉姆，请求采访他。由于他正要前往伦敦去看奥运会比赛，而我们正在夸祖鲁-纳塔尔省（KwaZulu-Natal）进行其他采访，于是我们决定趁他前来德班（Durban）时做采访。首先引我瞩目的是他的橙色夹克，他把他对这种颜色的喜好归因于在自由州长大。他直言不讳地告诉我们，他是猎豹橄榄球队的铁杆拥趸。

从小在母亲的店里长大的经历对布拉姆影响颇深，因此零售一直是他生命的一部分。那么他的母亲在他的创业生涯中到底扮演了什么样的角色？布拉姆说，"整个故事"要从帕雷斯镇说起，他的母亲在镇上开了家女装店养家糊口，"教我们做生意"。在他大约12岁时，全家搬到了乔治。他的母亲决定在那定居，于是又开了一家女装店。

1989年，布拉姆在斯坦陵布什大学完成学业，服完兵役后，跟着他母亲的脚步，在"万里挑一的莫塞尔湾"开了一家小店。起初，店里只有布拉姆和两个助手。但是他运气很好。当时政府决定启动莫塞尔燃气项目，于是10 000名合同工人一下子来到莫塞尔湾。幸运的是，他的母亲非常有眼光，而且反应迅速。他说道，"她确保我们的商店储备着适合这个市场的裤子、鞋子和衬衫"。

那时，他们每天平均营业额在500兰特到600兰特之间。布拉姆说他永远不会忘记1990年1月的那个周五，下午两点的时候收银机记录已有600兰特。两个半小时后，营业额飙升到19 600兰特。"那些工人领到工资后，把小店挤得水泄不通，简直难以置信。"他补充说，有些好笑的是，"我自然期望一个星期后，每个星期五都是这个样子，因为我当时没有意识到他们是每两周发一次工资"。但之后，他的商店"每两周备一次货"。

泰基镇始创于2001年，但布拉姆的突破是他在1999年的一笔大生意。我问他这笔交易是怎么做成的。布拉姆解释说，他去伊丽莎白港（Port Elizabeth）看板球比赛时，与他的好朋友马丁·奈福迪特（Martin Nefdt）住在一起。马丁当时是阿迪达斯的代理商。卡特彼勒（Caterpiller）鞋业的代理请他去见一下他们的委托人——梅迪卡斯（Medicus）鞋业的大卫·帕尔默（David Palmer）。"那时我有两家店，我想我可能会从他那买50双或100双鞋。在展厅里，帕尔默向布拉姆展示了样品，并把库存清单放到布拉姆面前。布拉姆粗略看了一下清单，发现库存总数约有12 000双。这远远超过他两个商店的销售量。

布拉姆说，他绞尽脑汁，想着该如何处理那么多的鞋子。这时他突然想起多年来一直和他合作做生意的伙伴。在一时冲动下，他"不假思索"向帕默开价120万兰特购买所有的鞋子。"一阵寂静，"布拉姆回忆说，"然后他傲慢地对我说，'你一定是疯了吧'。又是一阵寂静后，他问'那么你想怎么付款呢？'我相当自命不凡地告诉他，'我明天付给你'，但心中却在想，你刚才说了什么？你第二天到哪里弄钱给他啊？"

那天晚上，布拉姆告诉他的朋友他想做笔生意，买走12 000双卡特彼勒鞋，但进退两难：要么第二天把钱付给帕尔默，"要么夹着尾巴走人"。他的朋友想出一个解决方案：布拉姆可以用他的房屋贷款账户在自动取款机上开支票。当时，布拉姆名下有两个住房贷款账户。"我记得我们来到伊丽莎白港的罗素街（Russell Street）时，已是午夜时分。我弄明白了怎么从房贷账户转账到我的账户。"他们拿着两张自动取款机开出的支票离开，每张支票价值约45万兰特。但他还需再凑一些钱。大约一个星期前，布拉姆以130万兰特卖掉了他仅有的商业房，买方还欠他30万兰特。他请买家将欠款汇到梅迪卡斯鞋业的账户并将汇款单传真给他。"于是，第二天我拿着汇款单和两张支票来到梅迪卡斯鞋业，就这样我拿到了12 000双鞋子。"

在我看来，这第一笔大生意凸显出两件事。布莱姆不仅在那样的情况下看到了机会，也准备用自己的资金为这个机会冒风险。后来他谈起人们要弄清楚自己是不是创业家，我想这是首要原则。每个人都经常会看到各种机会；区别在于发现合适的机会后，是否做好准备冒险投资，把握机会。

那他成功卖掉了那堆成小山一样的鞋子吗？布拉姆承认，他起初很害怕，不知道"我们到底该怎么办"，但在马丁（"当时极其出色的跳羚赛道自行车手"，"著名的销售员"）的帮助下，他们在大约3个月内就卖完了所有的鞋子。

布拉姆坦言，"当我们做批发生意时，我真的认为自己现在是一个大商人啦。当时，我们也不知道我们最后能做多大。"他在西萨默塞特（Somerset West）开设了第一家泰基镇店铺，他们决定要"多卖点鞋子"。他们并没有真想去找新的营业场所，不过看到古德伍德（Goodwood）有店面房，然后又听说贝尔维尔（Bellville）有合适的商铺，就这样，每次"又开了一家店"。

我所有的采访对象中，布拉姆可能是对自己所获成就最感惊讶的人。整个谈话中，我的印象是他似乎并不知道泰基镇到底有多成功，而且即使是现在他仍然不太清楚是什么影响了他。

我问布拉姆，为什么2008年之前扩张相当缓慢，而那年泰基镇突然开了45家门店。他说，唯一能想到的理由是金融危机，这使得购物中心有很多空闲店面，他们发现了这个机会。"我们超出能力范围了，"他承认，"但是正如他们所说，如果你超出能力范围了，你就要拼命干"，我们迎难而上。我记得在11月的最后一个星期五，我们一天就开了9家店。

泰基镇一开始只有两个员工,资金只有25 000兰特。12年后,这家运动和生活时尚连锁鞋店,销售价格公道的品牌鞋子,已经成长为营业额约10亿兰特的公司,拥有220家门店,员工超过2 000名。布拉姆会将他非凡的成功归因于什么呢?他"可能首先要不断谢恩"。回首往事,他和他的团队常常感到震惊,因为他们从没想过他们的公司会发展到目前如此大的规模。看着非洲提供给他们的机会,布拉姆说,"想到这些商机会给我们带来什么我会激动地颤抖"。他在尼日利亚、肯尼亚和更多其他的国家看到巨大的商机,"这实际上让南非看起来很渺小"。

如果你的血液里有经商意识,你会意识到,工作时间等因素不应该妨碍你把生意做好。因为对天生的零售商来说,无论什么时候只要有足够多的客户,就可以做买卖,这是很正常的。布拉姆举了个例子来解释这一生意经。他在莫塞尔湾门店隔壁有家商店,这家店在12月24日中午就关门打烊,那时正是所有人都急匆匆做最后一次圣诞购物的时候。"不用说我们接待了大部分顾客,隔壁已关门,他们只好来我们店里买东西。"正如布拉姆所说,"营业时间在我们的书本里不存在"。

采访结束后,我们发现布拉姆还要去买束鲜花,他想给德班的一位分店经理送个惊喜。原来就在采访前,他得知那天是她的生日。对他来说,手捧鲜花去那家分店是一个符合逻辑的决定。鉴于他对公司的忘我投入,他或许对自己的成功不应有过多的惊讶。

我们告别时,他把他的电话号码给了拍摄团队的成员,让我们所有人下次路过泰基镇商店的时候联系他,他保证会给我们打折优惠。布拉姆不愧是店商中的翘楚!

成长的基石

泰基镇在12年里从一家直销店发展到220家门店的经验:

- 金融方面——"我们一贯坚持这个政策,如果没钱开新店,我们就不开。"
- 基本要素必须具备——人员、场地和风险管理必须到位。"你的增长速度不能超越公司自身的承受能力。"

给创业者的建议

- 你应该了解自己,要知道自己能不能、想不想成为一名企业家。
- 创业初期,把赚来的每一分钱投回到生意中。"别把钱花在买车、买房、外出吃饭和度假上。这是培育公司发展的钱,应该用回到公司发展中。以后你会有机会买这些东西,而且可以买得更多。"

◀ 第三十二章　赫尔曼·马沙巴 ▶

黑韵美发公司共同创始人
访谈于2012年8月26日播出

赫尔曼·马沙巴（Herman Mashaba）在比勒陀利亚以北哈曼斯克拉尔（Hammanskraal）高拉莫茨村（Garamotse）的艰苦环境里长大。他开始经商是替人代销各种产品。1985年，他和别人合伙开创了黑韵美发产品公司（Black Like Me）。后来，赫尔曼出售了这家成功的公司。现在，他是莱斯威肯矿产能源有限公司（Leswikeng）的总裁，是自由市场基金会的主席。

我非常盼望能和赫尔曼聊一聊,因为他本身是个励志故事。他出身卑微,在极为不利的环境中创办了成功的企业。除了与贫困抗争,他缺乏正式教育,当时的商业环境对黑人企业家不利,他得不到家庭的任何帮助,只能自己打拼。

我联系了赫尔曼,请求给个机会谈一下,看看是否有可能在《成功职场》上做个访谈节目。因为赫尔曼不说阿非利加语,所以他对kykNET频道不熟悉,更不用说这个访谈节目。尽管如此,他仍同意与我见面并接受我的采访。我们的挑战是如何处理语言问题。随后我们一致决定,我与他一起把要问的话题提前排练一遍。他认为自己足以听懂我用阿非利加语提的问题,不至于答非所问。如果我发现他说错了或者误解了我的问题,我负责用英语重复一遍提问。结果整个访谈的拍摄一次性完成,无须我重复问题或者让他重新作答。

我们的谈话从赫尔曼先生在哈曼斯克拉尔镇高拉莫茨这个"小村庄"的童年生活开始,"那里跟工业地区完全不一样"。他母亲是单亲妈妈,在约翰内斯堡干家政。

整个采访过程中很突出的一点就是"把握自己的命运"这条人生哲理。尽管他出身贫寒,赫尔曼相信他必须掌控自己的人生,而且他很小的时候对这一决定就早已深思熟虑。对他来说,这是个关乎个人尊严的问题。年轻时,他就已经听家里人或社区里的其他人谈起他们被迫"丧失个人尊严"。十几岁时,他的一些同龄人经常去比勒陀利亚白人居住的郊区做高尔夫球童或者做园丁赚点钱。"我下决心不去干这些事,以此维护我的尊严,因为我觉得我拥有的东西就只剩尊严啦。"当他反思自己的人生时,赫尔曼说:"我认为这个决定真的帮我克服了一些挑战。"

他的那些在白人郊区做临时工的同龄人每次回家至少带回一两个兰特,那么"像我们这些不出去的人该怎么办",赫尔曼说,"不幸的是,我变成了一个赌徒,因为我需要钱"。教育对他来说十分重要,而他没有父母来供他上学,只能靠自己赚学费。"周末赌博时,我总是留点钱,帮我度过这一周。"虽然"赌博真的成了我的救星",赫尔曼说,"当我反思自己的成长时,我觉得自己能活下来真的非常幸运"。

放学后,赫尔曼又报名攻读当时北方大学的管理学学士学位,但是读到第二年他不得不放弃学业,因为1980年学校因政治动乱被暂时关闭。在这些年里,他遇到了他的妻子康妮(Connie)。康妮成了他生命的力量支柱。事实上,他把后来的很多成功归功于他早年与合适的女人结了婚。"当时我22岁,康妮20岁,今年3月份,我们庆祝了结婚30周年。"

赫尔曼一生只有30个月为别人打工:在晶石公司(Spar)干了7个月文秘工

作，在莫塔尼家具公司（Motani Industries）工作了23个月。在莫塔尼公司工作期间，他成功地买了辆车。两个月后，他辞去工作，自力更生，开始了自己的创业生涯。在之后的两年左右，他利用自己的汽车行李箱摆摊替人代销各种商品。最后他做了约翰内斯堡一家名为"头发世界"（the World of Hair）公司的销售业务代表。赫尔曼接触到护发行业，这让他意识到这个行业给自己创办公司提供了一个极好的机会。他断定这是个快速发展的行业，发用制品大有市场，能满足黑人消费者的特定需求。

"我认为事情变糟糕之前要未雨绸缪，因为我一直都是先行一步的人。我一直掌控着自己的生命。"赫尔曼说。由于缺乏专业技术自己无法生产发制品，赫尔曼"冒了次险"，请来了约翰·克里尔（Johan Kriel），他是一家公司的生产经理，是"来自博克斯堡（Boksburg）懂技术的南非白人"。赫尔曼请他和自己的一位销售伙伴一起办厂：约翰懂开发和生产，赫尔曼和他的同事负责销售。

自然，他们那时在筹资把计划变成公司的时候并没有很多选择。他们把自己的商业计划提交给一位来自马博佩因（Mabopane）的商人瓦尔特·杜德（Walter Dude），见了几次面后说服他按要求投资3万兰特。回顾公司开办之初，赫尔曼说，对他来说"这个时刻意义重大"，他们"两个年轻的黑人"成功让"一个南非白人"加盟，一起创办公司。"其实，我觉得我们的故事就是一个典型的案例，值得一看。因为我们都是商务人士，我们是资本家，我们真的想赚钱，在法律框架内工作，于是我们就拍板决定啦。"

黑韵取得了巨大的成功。1991年，赫尔曼决定置换在哈曼斯克拉尔的房子，住到北比勒陀利亚的希瑟代勒（Heatherdale），那是一个所谓的白人郊区。然而，在他搬家前不久，一个朋友给他看了南非荷兰语报纸上的一篇文章，说他这次买房掀起了"轩然大波"。赫尔曼说，那时候那个地区有明确的约定，当地的房产不会卖给黑人，因此"右派"游行抗议那个曾出售房子的房东。幸运的是，他的一个邻居就是当时的外交部部长皮克·博塔（Pik Botha）。部长在他家举行了鸡尾酒会欢迎新来的邻居。赫尔曼认为，那次欢迎酒会帮了他的忙，确保那些反对他入住该地区的人不会再找他的麻烦。在他看来，"旧体制下发生的问题是政治领导造成的错误。在新体制下，我在奋斗，确保我们不会有把人民按不同人种区别对待的政治领导。"

1993年，他的工厂一夜之间烧成灰烬，赫尔曼不得不面临巨大的挫折。回想起"人生中这一悲剧事件"，他描述了他看着熊熊火焰燃烧时的震惊，他意识到他们已经无法从厂房里抢救出任何东西了。尽管他失去了很多钱，"我还是决定不让我的梦想在这场火灾中蒸发。幸运的是我有很吃香的民族品牌,知名度很高,于是我决定东山再起"。他认为,他年轻时养成的"储蓄文化"让他受益,时至今日仍然非常重要。多亏他"有些积蓄",赫尔曼得以在米德兰买下一个新工厂,但重建工厂的过程很艰难。在那些日子里,对他这个黑人商人来说,要从银行获得融资帮助公司的现金流周转是很难的。

如果一定要给年轻人就机会、就能为未来做什么准备提点建议,他将会强调什么?赫尔曼说,他会"不停地灌输独立个体的理念",你要对你自己的生活负个人责任,不管你是什么背景、什么种族或什么性别。家长和社会的其他人有责任确保孩子尽可能接受最好的教育,"因为没有合适、有效的教育,我们是在拿未来冒险"。然而,一旦年轻人受到教育,他认为他们会理解,他们要切实为自己的未来承担个人责任。在他看来,国家给年轻人提供了"很多的机会"。他没有提出一个特定的领域或行业,反而建议"作为个人你自己应该决定究竟是什么让你打勾选择,然后把它当作一个机会"。

回到教育的重要性上,赫尔曼强调虽然"正规教育很关键",但年轻人不应该局限于正规的学习,要不断进行自我教育。就赫尔曼自己来说,他的学习被打断,"但我决定自学,我就是这样做的"。他说,他尽可能多读书,并且和专家交谈,获取手头要处理问题所需的知识。他建议年轻人"自我教育要确保找对交往对象。读你自己喜欢的书,但一定要坚持读、读、读,以此获得必要的知识"。

你不能不钦佩赫尔曼。他找不到还有谁比自己的条件更糟糕的,但他的人生取得了成功。谈话中突出的一点是他的原则:你绝不应该让外部情况来主宰你前进的方向;应该让理智的决定来掌控自己的未来。

访谈播出后,赫尔曼打电话给我,说他从没想到他有这么多朋友和商业伙伴看了这个节目,而且是南非荷兰语的节目!

面对困境,企业家要成功需具备什么样的品质?

- 你必须对自己的未来负责,掌握自己的命运。
- 不要依赖别人给你做事。
- 如条件允许,要确保得到良好的教育。正规教育是基础,一生中的其他时间要靠自我教育。

◀ 第三十三章　简·尼尔森 ▶

泛非资源公司总裁

访谈于2012年9月2日播出

简·尼尔森(Jan Nelson)在约翰内斯堡长大。他无意中成了当时南非兰德大学(RAU，现约翰内斯堡大学)的地质学家。在几家规模较大的矿业集团干过一阵子勘探和开采后，他决定加入一个有严重现金流问题的小型矿业集团。自2005年任职总裁以来，简指导泛非资源公司(Pan Africa Resources)转型。公司已成为小型矿业集团中实力较强、发展势头更好的一个，市值达到50亿兰特。

我在采访哈莫尼金矿集团的前总裁、现任维利基黄金矿业公司的掌舵人伯纳德·斯温普（Bernard Swanepoel）时，他特别提及，简是国内年轻有为的矿业老板之一。南非的矿业界不乏魅力人物，不靠谱的名人也比比皆是。在这样的环境中，你必须谨慎做出选择。

任何采访前，事先要做好了解潜在嘉宾的功课。因为它涉及采矿业，我更是慎重其事地准备。除了伯纳德的推荐，我联系了一些专门从事采矿业的银行家和分析师。他们一致认为，简·尼尔森做人讲品德、做矿业生意讲诚信。

简进入矿业纯属偶然。他其实是想学海洋生物学，但是当他到了兰德大学，却被告知"学海洋生物赚不到钱，我吓了一跳"。唯一仍然有空余名额的院系是地质系。一位教授讲解"地球板块是怎么移动和碰撞的，火山是怎么喷发的等地理知识"，捕获了他的想象力，简着迷了。

现在回想起来，他对攻读地质学这一决定感到很高兴。简说，尽管矿业有许多不同领域的专业知识，从金融、管理到采矿工程，对想进入采矿业的年轻人来说，他肯定会推荐地质学作为学习的专业。"采矿涉及矿体，而这一切都得从地质学开始。"若要在采矿业求发展，总有机会涉及其他方向。

简曾在几个更大、更著名的矿业集团工作过，但在2005年，他接受了泛非资源这家濒临破产小公司总裁的职位。为了弄懂这个决定，我开始问他关于工作面试的问题。简说，罗博·斯蒂尔（Rob Still）和安东·艾斯特惠森（Anton Esterhuizen）对他面试时差不多是这样说的："听着，简，公司的现金只够用3个月。我们有两个项目，但都不是好项目。你必须处理掉这两个项目。如果你感兴趣，要这份工作吗？"因为他和斯蒂尔与艾斯特惠森是熟人，并且知道他们是如何建立这家小公司的。简觉得"这是个极好的机会，让我们给它个机会"。

大多数人会拒绝这样一份无法掌控的工作——谁愿意在一个有着两笔问题资产并且可用现金只够3个月的公司里上班？但简认为这是一个机遇，而不是一个巨大的风险。是什么促使他下决定？说实话，他承认他的反应"可能是一时冲动"，因为他们坚持要立马答复。但他认为这样做决定是有背景的。那时，在大型矿业公司工作了很长时间后，他已经开始自己做咨询工作。因此，他的脑海里有了个想法，他想做自己的事情，"于是当我得到这个机会时，我告诉自己不能让它溜掉"。

作为新任总裁，他怎么应对让泛非资源东山再起的挑战？他说，首先必须做的是评估这两个项目，并找出他们的优点。一个被评为"不太好"，于是他们放弃了；但另外一个是很好的项目。"我们决定继续下去，但当然我们没有足够的资金

137

做下去。"简讲述他如何逐一拜访伦敦的基金经理们,卑躬屈膝恳请融资。他对基金经理来说是无名小卒,以前也没有任何此类融资的记录,"所以这些家伙真的没兴趣见你"。但在美国的"朋友和家人"的帮助下,他在英国成功获得大约40万英镑的融资。"然后,我又可以干点事啦,于是公司维续了大约一两年。"

要脱身最简单的办法就是认输,承认自己判断错误。当我问他是否曾在最初几年里灰心丧气,简郑重其事地回答:"没有,绝对没有。"他把自己的毅力归功于公司有一个很好的项目,而且董事、充满激情的董事长和众多朋友的支持让他如鱼得水。"你必须坚持,绝不放弃。有时候会很艰难,但是我想四五年之后回首往事,你会发现乐趣所在。"此外,简补充道,"越是有人告诉我不能这样做或者行不通,我就越顽强,要想让他们看到我们能行"。

回首像泛非资源这样的大逆袭成功,通常会有一些转折点使得最终的脱胎换骨成为可能。在这个案例中,突破始于该公司从麦特瑞克矿业公司(Metorex)①收购巴伯顿金矿(Barberton)。"这时我们真正出现转机。收购给我们带来金矿石和现金流,而这一切都靠一群人的帮助——不仅仅是我一个人,"简谦虚地说,"是整个团队带来了成功。"

现在,泛非资源在一个竞争激烈的行业中功成名就,公司价值达50亿兰特。他们做对了什么? 他强调的第一个因素是他们有一个富于进取、"脚踏实地"的董事会,重视现金流。"即使你可以拿到更多的现金,或者钱已够多,你仍要珍惜每一分钱。"在其他的成功因素中,他挑出"优秀的团队"和"优秀的网络"等因素。简说,"我们建立了人际网络,大家支持我们。因为他们看到了我们的承诺,看到我们做了什么,取得了什么成效"。他再次强调,"你必须脚踏实地,绝不能妄自尊大"。

尽管一些媒体不断有负面报道,但整个采访中,简对南非小型矿业公司持积极态度。为什么这么乐观呢? 简谈起这个行业时洋溢着激情。"我认为南非小型矿业公司前景巨大。如果我是大型公司中的一个,也许我现在应该慎重选择我的言词,我会感到担忧,因为它们的资产已到其经济寿命的极限。它们必须生产一定量盎司的黄金来支付其间接成本,而这正是小公司的机会所在。整个行业对我们打开大门,资产在交易中易手,我相信你现在是在找人联手。"他认为小型矿业是一个非常刺激的行业,未来5年该行业会在南非"令人难以置信地增长"。

---

① Metorex 成立于1975年,是南非一家中型矿业公司,主要从事铜钴生产,业务遍及南非、赞比亚和刚果(金)。2011年中国金川集团收购其31.15%的不可撤销股权。译者注。

谈及他对员工管理的看法时,简指出,他们有"非常扁平的管理结构"。每个人都作贡献,每个人都会提出使你获益的观点。作为一个领导者,"你要听取下属意见,并给他们发表意见的机会。如果你善于倾听,公司是很好管理的。"

采访之后,我的脑海里有两个特别的印象。其一,我想很少有人会把最初那个工作邀请当作机会,但简不仅看出了机遇所在,而且还抓住了机遇;其二,如果你相信梦想,绝不要放弃希望。即使你失败九次,第十次可能成功,而你只要成功一次即可。

如果南非的下一代矿业老板中有更多像简·尼尔森一样的人,采矿业必将有美好的未来。

带领公司走出困境的建议

- 你必须有梦想——"你必须明白自己想要做什么,然后坚持去做。"
- 你必须永不放弃希望——"总会有人告诉你为什么行不通。"
- 你必须务实,善于倾听。"你必须告诉自己'我能行'。如果有好的规划、好的梦想、好的愿景以及合适的人,你就能做到。"
- 你绝不认输。

简推荐从事采矿业的理由

- 它提供不同领域的众多机会,"从金融到地质、冶金、健康和环境,因此它是一个令人难以置信的实用行业"。
- 你会看到你在做什么,事情是怎么发生的。"你会看到你如何创造工作,如何搞建设,我认为这是这个行业的奇妙所在。"

◀ 第三十四章　阿德里安·舍尔斯 ▶

普拉格马资产管理公司共同创始人、总裁

访谈于2012年9月9日播出

阿德里安·舍尔斯（Adriaan Scheeres）拥有斯坦陵布什大学工业工程学位和信息系统硕士学位。他和同事创建了专门从事实物资产管理的普拉格马工程集团。20年后，普拉格马（Pragma）的营业额已经超过3亿兰特，在南非、巴西和中国等地办事处的员工300多人。

采访在德班维尔（Durbanville）普拉格马的办公室里进行。我们到的时候，拍摄团队正面临着一个技术难题。阿德里安是我所遇到过的身材最高的人，按照旧式尺寸，他绝对有7英尺多。他说，他在1983年开普敦最高人士评选中赢得了冠军，我们对此一点也不惊讶。要拍好电视采访的挑战是，要把我和阿德里安的头部放在差不多同一水平线上，以便对话。我们用不同高度的椅子和不同厚度的坐垫试了几次，终于大功告成。

阿德里安祖父的画像挂在他办公室的墙上。随着我们谈及他创业欲望的由来，挂这幅画的理由也就很明白啦。阿德里安说，他进入大学的时候，心中就已经有创办自己企业的想法了。这种念头源于他荷兰裔祖父的循循善诱。他的祖父第二次世界大战后来到南非，开办了木业加工厂。"每个假期我都在他的厂里干活，他就把这种想法灌输给我：最好是创办你自己的企业，做自己的事。"

决定办自己的企业是一回事，而要把计划变成一个完善成熟的公司所面临的挑战则是另外一回事。阿德里安是怎么做的呢？他告诉我们，一名优秀的工程师必须有"一个可靠的计划"。因此，他和他的团队花费了大量的时间在市场上测试他们的想法。而阿德里安认为，"选择好伙伴"是成功的关键。他和他的合作伙伴阿诺德·博塔（Arnold Botha）先是确定了自己的业务，然后着手干。阿德里安认为，计划非常重要，特别是在最初几年。"我们每月、每年都要做调整，始终关注我们的理念在市场上的表现。"有很多东西会让你偏离创业的初衷。阿德里安认为，他们的成功在于"我们说我们希望为维护环境提供服务，于是我们就全力以赴，而且非常重视计划的执行"。

我们的计划经过20年的发展，形成了普拉格马集团，但普拉格马究竟做了哪些工作？谁是他们的客户呢？阿德里安说，"外面的每个行业都是我们的客户"，因为它们都有资产；而且任何一个行业，比如制造业或运输业，要想获得成功，都必须将这些资产有效利用。不过，普拉格马特别侧重于5个行业：采矿、供配电、原始设备制造（OEMs）、高速制造业和他们所说的分销设施。最后，他提到像壳牌公司和夏普莱特集团都有很多设施和资产遍布全国。普拉格马所提供的服务旨在改善客户实物资产的可靠性和可用性。阿德里安说，他们不是顾问公司。"我们已经将我们的产品转变为服务。因此，我们与业主签署协议，保障其资产的可靠性、可用性和寿命周期的成本。"

普拉格马有今天是因为他的计划和梦想吗？阿德里安犹豫了片刻后回答说："是，但又不是。"他的梦想是拥有自己的企业。普拉格马一开始做顾问，后来做服务，提供产品，"但梦想是会长大的，你总是需要梦想来驱动你"。10年后，梦想越来越大：拓展国际市场。大约15年后，"我们告诉自己，我们的确能为外部行业提供有用的产品和服务了"。阿德里安说，重点关注"金砖国家"（巴西、俄罗斯、印度、中国和南非）的想法就源于此，这也是为什么普拉格马开始拓展这些市场的原因。

如今普拉格马在南非、巴西和中国都开设了办事处，很显然这种重点布局有效果。但是，为什么把"金砖国家"选为目标市场呢？阿德里安解释道，这并不是说他们没有感觉到应该同样去开拓更高级的市场，比如欧洲、澳洲或美国，"但我们的产品和服务在发展中国家如鱼得水"。非洲，包括南非，在维护基础设施和设备方面没有什么历史经验，巴西和中国也一样。这些都是发展中国家，"所以我们告诉自己，我们得重点关注'金砖国家'"。

目前，普拉格马全球雇员300多人，其中，许多人在南非进行培训。阿德里安觉得南非工程师的质量如何？特别是根据他自己的经验感受，他回答我的问题时，首先解释说，普拉格马决定，他们没必要让南非工程师去巴西或者中国，因为语言是个问题。它们"非常简洁地"把服务"进行包装"，将包装版本进行翻译，然后，在巴西和中国培训工程师，让他们能够按照普拉格马的方法在这些国家提供服务。至于南非的工程师，阿德里安将其描述为全球在猎寻的"香饽饽"。他认为，他们抢手是因为他们的职业道德和创造力。他说，"在南非钢铁公司伊斯科的几年里，我们在南非军备局阿姆斯科（Armscor）接受培训。在那里积累起来的专业知识在全球都很紧俏"。

他的回答凸显了普拉格马以人为本的企业宗旨，他们雇用的一个个员工成就了企业。其结果是，员工每天下午走出大门回家，第二天早上又充满希望地回来上班。他们是如何确保公司招到合适员工的呢？阿德里安说，当公司规模很小的时候，他们有一个特定的招聘战略，要求在职员工想办法推荐引进以前曾经共事的优秀工程师。现在，普拉格马的中高管理层"几乎都是我所说的精挑细选来的"，大多数阿德里安都亲自面试，看看他们是否能融入企业文化和价值体系，能否在这样的企业环境里工作。阿德里安说，普拉格马"最大的成功是人人从底层开始做起"。每年他们会聘任5名至8名年轻的新晋工程师，"面向全国，不考虑肤色等因素"。"然后从头开始训练这些新来者，让他们在公司里成长。"

吸引到合适的人才是一回事，但需要面临的挑战是要留住人才，并确保这些高素质的人每天都回来上班。由于工程师都非常吃香，而且经常会有人来挖墙脚，于是普拉格马开发出"一个非常特有的策略，让员工保持快乐感"。阿德里安说，首先，建立一种非常特殊的文化很重要。让员工身处其中的文化和价值体系促进凝聚力,让他们团结在一起。其次,他们花费大量的时间和精力搞培训。阿德里安亲自推动公司内部的领导力培训,而且他们有高级工程师和高级管理人员的内部培训项目。阿德里安说,虽然公司也聘请外部人士在项目中担任导师、培训师和励志人士,他自己还是花费了大量的时间与公司各级领导交流,"使他们能够将企业文化,将企业的精神所在传递给其他员工"。

最后,我想听听这位业内知情人士对南非实物资产以及工程基础设施真实现状的高深见解。阿德里安说,我们的实物资产状况一直不错,但他用了2009年的大选来说明存在的问题:"整个选举的各项服务基本上都很糟糕,于是人们趁机大肆讨伐组织不力之人。"他说,可用的钱是够多的,"但没有把足够的钱在合适的时间花在合适的地方,用于维护我们的资产"。

那么在他看来需要怎样做才能改善这种状况?阿德里安强调道,首先要确定维护那些资产需要做什么,这很重要。但这往往成为难题,"因为原先的管理人员已经从体系中消失",而新来的管理者并不见得知道怎么去维护。第二个挑战是,资金和提供维护这些资产的承包商"应妥善引导,确保资金只用于维护选举相关的资产,而不挪作他用"。

采访阿德里安给我留下深刻印象:他是位知道特定的挑战,然后围绕这个挑战创建公司的企业家。我相信,如果我们让像阿德里安及其同事一样的企业家来帮助我们制定规划,实施解决方案,我们的很多问题会迎刃而解。

将一个商务计划付诸实践,打造一个成功企业的四项核心原则

- 专注 ——"我认为大家应该选择一个商业计划,然后全力实施这个计划,这极为重要。"
- 时间和耐心——阿德里安将时间原则等同于有效的长线投资。"我见过很多年轻工程师或青年企业家,从开始创办公司那天起,他们就认为自己是富豪,得开豪车,住豪宅。"同时,他强调耐心:你真的要有耐心,要循序渐进,确保公司能发展壮大。
- 选择合适的合作伙伴 ——"合作伙伴不是好朋友,而是能弥补你的弱点、支持你的搭档。"任命年轻人时,"不是为了表示同情等原因,而是因为他们能真正让企业成长,为你服务"。
- 创建企业文化,"让员工感到舒适,享受工作"。他补充说,"企业文化要靠你去创造;它不会凭空而来,但你要规划设计"。然后,你要确保该文化"是可靠的,在组织内部是可以调控管理的"。

◀ 第三十五章　桑蒂·博塔 ▶

曾就职南非联合银行、MTN移动通信公司，现为多家公司董事

访谈于2012年9月16日播出

从斯坦陵布什大学毕业后，桑蒂·博塔（Santie Botha）在联合利华（Unilever）工作。在世界顶尖企业的营销部门，收获了消费品领域的工作经验。1996年，桑蒂加入了南非联合银行集团。她对南非联合银行的整合以及银行品牌的建立，功不可没。在南非联合银行工作7年之后，她加入MTN移动通信公司，任执行董事，负责在21个国家建立MTN品牌。2010年，她被命名为南非年度女实业家。2010年，她离开MTN。目前，她担任几家上市公司董事会的非执行董事，包括私人教育集团库罗（任主席）、帝国集团、虎牌、南非电信等知名品牌。桑蒂也是南非纳尔逊·曼德拉大都市大学的名誉校长。

无论在南非还是世界上其他地方,银行业一直是男人的天下。加上相当保守的阿非利加文化,人们可以想象,这样的环境对女性而言是冷漠无情、相当不利的。

1996年,桑蒂加入南非联合银行集团。那时各分行使用标志自己特征和传统的品牌。而到她离开的时候,也就是7年之后,统一的南非联合银行品牌已经根深蒂固,以至于南非人现在认为它是国家的标志性品牌。

我们的谈话从桑蒂1996年到南非联合银行工作开始,我问她有哪些经验可取。她说:"最大的挑战是在银行里建立信誉,因为你在和已经干这行三四十年的银行家打交道。他们是在银行里长大的。"不单年轻,她还是第一个被任命为高级管理人员的女性,最要命的是,她推销消费品有经验,但没在银行干过。因此有一种疑问:"你能教我们什么呢?"桑蒂解释说,那时她"中途被任命为公司变革代理人",这对她"真正了解银行的核心工作非常重要"。合并前的人民(Volkskas)、联盟(Allied)、联合(United)和信托这4家银行都有自己独特的文化,有的更偏向于说阿非利加语的客户,有的更侧重于说英语的,因此,我们面临的挑战是要了解"客户来自哪里",以及"怎样让他们看到银行的成长"。

被任命就职是一回事,但是作决定、执行决定完全是另一回事。桑蒂的任务是决定让4大银行品牌持续存在,还是四合一组成一个新的单一品牌。在这个过程中,她必须说服那些资深人士,获取他们的支持,寻求每一丝成功的希望。那她一个人是如何处理这样一个艰巨的任务的呢?

桑蒂讲述了她是怎么设计调查问卷,如何与资深人士进行面谈的。有时谈话多达4次,"只是为了确保我真的明白了应该做什么"。意见分歧很大。有的强烈支持重组单一品牌,但是"还会有另一个阵营,他们来自高层。他们说,'无论如何你都不要去动我们这4个品牌中的任何一个。你是个新来的,而人民银行在乡村城镇是老牌银行。我的祖父,我的叔叔、姑姑都在这家银行开户存钱,它是有历史的。'"因为品牌所具有的强烈情感总是挥之不去,"把大家的意见统一起来显得至关重要"。

桑蒂指出了品牌重组变革的过程是极其复杂的。"在公司里,人们常说那是某个人在做这件工作,但绝不是那回事。"她说,当你谈论银行时,你是在处理风险。现有4家银行的品牌资产历史加在一起超过了400年,要把它们归总到一个新的品牌名下,必须考虑风险。另一方面,这4家零售银行各自为政,各有自己的特点,相互竞争。"最大问题是:如果我们一定要重组一个单一的品牌,会牵涉到哪些方面,尤其是从信息技术系统的角度而言?"她所遵循的方法是既看组建单一品牌的风险，但同时也看它将带来的利益，比如可以实现节约成本。他们想传达给人们的"最重大的信息"就是一个单一的品牌"对市场更有利，对公司更有利。你会更加专注。你会有更大的愿景"。为了传达这个信息，他们必须让每个高层管理人士都来"分享相同的愿景"。

她说，为了让单一品牌的观点实体化，以及后续过程中让员工相信单一品牌的好处，让他们接受单一品牌，她做了"大量的家庭作业"。在做大项目时，"你总是要得到从基层一直到最高层的支持"。对她来说，最重要的是遴选团队里最出色的人才，让他们在银行各层面来实施这个项目。当你的公司要"大飞跃"时，桑蒂解释说："你的人，尤其是那些在分行工作的员工会说，'那我会受什么影响呢？'"他们对员工的"重大承诺"是，走这一步并不是为了裁减员工；这是为了银行的利益，是为了"让银行更好地发展"。

当我回过头看桑蒂的成就，看南非联合银行品牌今日的成功，觉得采用单一品牌是非常有道理的，而且好像这个过程不会再有其他任何合乎逻辑的结果了。也许正是因为她把这个过程管控得非常到位，让人觉得南非联合银行一直就是南非景观的一部分。仅仅过了3年，南非联合银行就被投票当选为南非最受欢迎的金融服务品牌，这对桑蒂来说真是个"奇迹"。

7年后，桑蒂决定告别南非联合银行极其成功的职业生涯，加入MTN电信集团担任执行董事，她的决定震惊了整个市场。银行业和电信业有天壤之别，她是如何跨越这些鸿沟的？桑蒂说，这两者之间的主要区别是，在金融服务领域，你处理风险，帮人理财，"当你想尝试不同寻常的创新时，你必须要极为小心"。而在电信领域，则是另一番景象，"只要你愿意，只要是你选定要做的，你每天可以实施十个创新"。不过，就市场营销原理而言，两者的区别并不大。"你仍然是在和客户、品牌以及客户服务打交道。"

在MTN，等待她的挑战不同于她在南非联合银行碰到的。那时，MTN集团的业务只涉及6个国家，它制订了宏大的计划向其他非洲国家和中东扩张。桑蒂说，在第一次营销和销售战略会议中，她告诉团队中的同事，"这不是一个公司内部的会议，这是一个全球性的会议"。他们正立足非洲谋划公司的一切业务，因为他们有全球抱负，想要改变他们的愿景，想要成为发展中国家领先的电信企业。从市场营销的角度，董事长和营销总监具体问了需要做什么，如何确保每个人都有相同的愿景。在已经开展业务的国家中，每个"MTN分公司的业务方式"都是完全不同的，于是要面对"不是这里发明的综合征"。比如在尼日利亚，人们会告诉她："不，不，桑蒂，你不明白。在这里我们就是这样办事的。"但是一旦他们开始实施"全球性原则,每个人都开始接受更大的愿景,事情就好办啦"。

提及这两大项目,我想在过去的几十年里可能没有哪位营销人士能取得桑蒂的成就。在最保守的行业,她废除了4个历史悠久的金融服务老品牌,重组了一个新品牌,使它成为家喻户晓的名字。然后,最重要的是,她打造MTN品牌,使公司成为2012世界杯足球赛的赞助商之一。

在谈话结束前,我请她谈谈对南非和未来的看法。桑蒂强调,她想继续"积极致力于挖掘南非和非洲的巨大潜力。作为南非人和非洲人,如果我们不这么做,其他人会来为我们做,这当然是我们不能容忍的"。

我相信桑蒂在确保非洲和南非的自我发展中将起重大作用——她充满活力,干劲十足,不会让人代劳的。

管理原则

- 每个人都必须选定什么是自己的优先事项,然后确保雇主了解这些事项的轻重缓急。
- 每个人都要为你自己的事业成功负责,而不是让你的老板来负责。"如果你做事很随意,没有计划,那么事情会变得乱糟糟。"
- 领导力——领导者从来不会是一个人。优秀的领导者身边不乏才华横溢之士,他们是各自领域的专家,有着不同的背景,而且他们能够让这个团队发挥最佳效益。
- 所谓的女性玻璃天花板——如果你足够优秀,晋升对你而言又是极为重要,你就会升到最高层。"只有你朝上看的时候,玻璃天花板才在那里。"

◀ 第三十六章　亨德里克・杜托伊特 ▶

天达资产管理公司总裁
访谈于 2012 年 9 月 23 日播出

亨德里克・杜托伊特(Hendrik du Toit)生长在开普敦,拥有南非斯坦陵布什大学和英国剑桥大学的硕士学位。1991年,他加入天达集团(Investec),以2亿兰特资金开始运作天达资产管理(Investec Asset Management)公司。现在,天达资产管理公司的资产超过8 250亿兰特,其办事处和客户遍布世界各地。2011年,亨德里克获得欧洲基金(the Funds Europe)颁发的欧洲管理基金年度名人奖。2012年,鉴于其在欧洲资产管理机构中的卓越表现,他在著名的金融新闻奖评选中获年度总裁提名奖。

很显然，从一开始亨德里克就已经对我本人以及《成功职场》访谈节目做了功课。他看了一些以前的采访，并准确地知道观众的人数和基本情况。他说，他不再轻易接受一些国际商务频道的采访，因为很多情况下，节目组对背景知识掌握不全面，而且准备工作也很糟糕，这让我有些受宠若惊。虽然他同意接受采访是个好消息，但我知道千万不要把它搞砸啦！

我决定从亨德里克与史蒂芬·科塞夫（Stephen Koseff）的初次见面开始我们的访谈。史蒂芬现在是天达集团的总裁，他们的初遇让人津津乐道。亨德里克当时是耆卫保险公司（Old Mutual）的投资分析师。"史蒂芬常来找我们，为他的客户募集资金。那一次，他是为必得维斯特集团而来。"他回忆道，耆卫保险公司决定支持他们，"年轻分析师有个典型的特点，就是要告诉受贷公司该做什么。为此，我们展开了激烈的争论"。亨德里克说史蒂芬"为人极好"，虽然他们有"长时间的争辩"，有"许多意见分歧"，但在过去的21年里，两人保持着良好的工作关系。

有一天，亨德里克接到天达集团常务董事伯纳德·坎特（Bernard Kantor）打来的电话。伯纳德问他是否有兴趣加入天达集团，他们想正式涉足资产管理，正在找人筹建天达资产管理公司。"我立马回绝，但是我们几乎每个月都在一起吃午饭，因为他是一个很好的聊天对象，最后，我们觉得南非还是有商机的。"那时，资产管理是由保险公司控制的。艾伦·格雷（Allan Gray）的资产公司已经相当强大，有一两家小规模的，此外别无其他。"所以这似乎是一个无法进入的领域，但或许这也是给我的一个教训——任何东西，看起来好像满了，好像所有的空间都已经被占据了，但总是会有机会的。"

1991年，亨德里克加入天达集团。他们用2亿兰特的资金起步，开始运作天达资产管理公司。在竞争激烈的市场中，面对老牌对手，他们完全是新人。他说，最初的3年"很大程度上是个学习的过程"。他本来以为，"资产管理无非只是管理资金。但我忘了你得拉来客户，而且你要有基础设施"。这给他上了一课。亨德里克说，他们所做的正确的事情是"关注重要的事情"。他们为现有的投资人获取丰厚回报，于是这些投资人又用更多的钱来支持他们。市场突然开始为一个新手打开大门。在他看来，关键因素是他们非常积极地应对南非发生的变化，"也许是因为我们不会受困于过去的套路"，并且很大一部分的资金组合投向一些成长型的公司，如当时规模很小的必得维斯特集团和帝国集团。

在接下来的20年里，天达资产管理公司从一个刚起步的小公司发展成一个管理8 250多亿兰特的国际大公司。他们是如何成功实现这种惊人增长的？他说："在我们公司，关键在于你必须服务好你的客户。客户至上！"其次，亨德里克认为另一个"非常重要"的因素是天达集团一直以来有一项国际议程。"我们的行业实际上是一个全球性的产业,它不单单局限于国内。"

在回顾公司成长道路上的亮点时,亨德里克说,第一点"就是度过第一年",凝聚团队,然后让"第一阶段"见成效。"成长的旅程上有很多杰出人士与我们一起,他们中的许多人现在还是我们前行旅程的一部分,所以我们把这些人团结在一起。这是第二大亮点。"第三大亮点是我们取得了突破,"我们在南非获得了第一个机构授权。我们一直有单位信托业务(unit trust business),但单凭这项业务大机构并不会真的与我们合作。"第四大亮点是,"当我们向海外发展时,我们有勇气坚信自己的想法,而不是听从市场中其他人的说法"。几年后,"市场开始转向我们,因为也许我们对世界市场的判读比别人更准确些"。

他说,其余的就是一个渐进积累的过程。"与技术研发相比,资产管理行业更加注重逐步积累,因为在技术研发领域,有时一个想法就有可能取得重大飞跃。"他把天达资产管理公司比作吉姆·柯林斯(Jim Collins)《从优秀到卓越》(*Good to Great*)一书中的"刺猬"型公司,"这种公司发展不快,但稳步增长;它每天都得干事情,但不会有太大的飞跃"。"我们真的没有太多的亮点,这就是为什么当我们实现里程碑目标时不大搞庆祝派对,因为这不过是平常生意罢了。"他说道。

在南半球,基金管理人员很少,来自非洲的更是屈指可数,但他们已经成功地在与北半球的资本市场开展竞争。亨德里克认为,天达资产管理公司之所以引起人们的兴趣,是因为他们"实际上代表着未来的企业"。金融危机之后,就竞争而言,我们生活的世界比以前平等多了。他列举了苹果和三星对簿公堂,结果"苹果讨好三星"的例子。"20年前,你能想象一家韩国公司会与美国最有价值的公司之一在主要的产业争夺霸主地位吗?"在天达资产管理集团,他们引以为豪的是,他们是服务行业的首批公司之一,他们的机构不断壮大,从国内的新兴市场不断成长,并成功地拥有了国际竞争力。"我们现在其实把自己的角色定位成回归,是新兴世界和发达世界的媒介"——因为很多有存款的、很多开办新公司的人将在南半球做生意。

基金管理者通常是训练有素的专业人士,观点鲜明,往往还很"自我"。在天达资产管理公司,他们有700名专业投资人士,分布于13个国家,为来自122个国家的客户提供咨询,开展全球业务。该如何管理这样一个机构呢?亨德里克认为,"如果一个企业有员工喜欢的价值体系和文化,他们会自己传承下去。在我们的企业,我们给员工空间"。他认为,向经验丰富的投资专家发号施令,告诉如约翰·毕卡得(John Biccard)或克莱德·罗索乌(Clyde Rossouw)等资深经理人该如何管理他们运作的资金,这不是他的职责所在。他所要做的,"是监管他们是否在按照最初设定的方案在运作,他们是否做了必要的工作来做出妥善的投资决策,因为这毕竟是别人的钱"。"天达资产管理公司有大教会的味道。大家可以自由地思考,自由地去做他们想做、想拓展的事情。"他说他们花了大约15年的时间,让"创造的空间"这个词在企业中形成共识。"企业做大了,最不合时宜的是像木偶大师一样从中心来管理它,那注定要失败。"

就投资领域的未来趋势而言,亨德里克认为,"我们正在进入一个令人难以置信的有趣世界,变化的速度将会加快"。西方的金融危机突然使人们意识到,"外面有一个非常大的世界",全球50亿人在发展经济,创造商机。"如果你是投资者,用你的雷达屏幕定位搜索全球各地的商机吧。如果你意识到一些大规模的事情要发生,你就可以做得非常好。"我们现在处于"一个包容的世界",而不是"一个西方势力统治的世界,其旁边是一个巨大的贫穷世界,除了腐败和政变,一无是处;那样的世界已成为过去"。他补充说,未来的挑战,是我们这个星球怎样养活不断增长的世界人口,怎样容纳所有想要发展经济的人们。

他认为,"思想开放的南非人"已经做好了应对新世界的全面准备,"因为我们了解发展中世界和发达世界的结合,知道变革带来的动荡"。亨德里克认为,在未来10年或20年,在南非很有可能"会建立许多大企业,会有许多非常有意义的事情可做"。

访谈中,最打动我的是亨德里克应对提问和各种话题的这份自信。他有备而来,走进采访室回答我的问题,及时结束谈话赶航班前往20个办事处中的一个。他给我的印象是,在一个市场波动、不断变化的世界中,亨德里克把握得住,不会让债务危机或政治动荡之类的打击让自己乱了分寸。

是什么成就一个优秀的投资经理人?

- 对市场和投资的激情。
- 独立思考。"坚持自己的立场,当事情很糟糕、业绩不佳或市场对他不利时不要被吓倒。"
- 必要时要谦逊。"把自尊心放进口袋,说我错了,我现在必须改变立场,因为我不可能和整个世界对抗。"

怎样才算是好的投资决策?

- 一个好的投资决策经常在最初的几个月被反复估量衡量,然后,每个人都会异常兴奋,但这还不够。我认为,只有在销售阶段或收购阶段才能看出一个决策的好坏。一旦你得到了你认为购入应得的收入流,或者当你以比买入价更高的价格销售所购资产时,那么你就已经赚到钱了。

基本投资原则

- KISS①原则——保持简单,别犯傻。"投资实际上比人们想象的要简单得多,避免任何复杂化的倾向。"
- 从你能够交流的、可信任的人那里听取好的建议。好的建议不是让股神沃伦·巴菲特成为你的财务顾问。
- 专注长线——"购买优质的投资产品,坚持持有,别想得太复杂就可以啦。"

---

① Keep it simple, stupid 的首字母缩略词。

◀ 第三十七章　弗莱德·罗伯森 ▶

布里姆斯顿投资公司①联合创始人、副执行主席
访谈于 2012 年 9 月 30 日播出

弗莱德·罗伯森（Fred Robertson）在开普敦的第六区长大。15 岁时，其家人因集团地区法②（the Group Areas Act）被强制迁移。一开始选择教书，教了一段时间书，他转行加入耆卫保险公司。1990 年，他创办自己的保险经纪人公司。1995 年，他合伙创立了布里姆斯顿投资公司（BRIMSTONE）。这是一个由黑人控制和管理的投资公司，该公司于 1998 年在约翰内斯堡证券交易所上市。目前，布里姆斯顿投资公司拥有的市值超过 30 亿兰特。弗莱德除了担任耆卫保险公司的非执行董事，还兼任非洲狮保险公司（Lion of Africa insurance company）等其他一些公司的董事长。2013 年 1 月，就在采访结束后不久，弗莱德被任命为布里姆斯顿投资公司的执行主席。

---

① 布里姆斯顿投资公司由黑人控制管理和投资，主要针对消费品和金融服务。公司约有 274 000 名员工。译者注。

② 南非 1950 年颁布的种族隔离法令。它将全国分为不同区域，禁止黑人在特定地区居住。译者注。

布里姆斯顿投资公司让弗莱德引以为豪。不过我认为他的自豪感的最大来源，是公司的成功让普通人的生活尤其是那些用血汗钱买公司股票的人的生活变了样。他们现在分享着红利，享受着资本的增长。

我们从弗莱德决定从教谈起，分析了为什么这个决定仍然是这位商人走向成功的一部分。弗莱德认为，他当时选职业，与在特拉法尔加高中（Trafalgar High）求学时他和同学们所受的教导有关。他说，他们有非常优秀的老师，他们所受的教育超越了狭隘的学科知识："老师教导我们必须对社会作出贡献。"而教师就是这样一种职业，通过它"你可以帮助你社区里的人，帮助他们接受教育"。"一教一，传帮带（Each one teach one）"，他用当时盛行的这句口号来总结这种社会思潮。

教了几年书后，弗莱德转行到耆卫保险公司做保险经纪人。他为什么要改行？他解释说，那时候"我这个社区里的人干什么工作都有种种限制，而保险代表是我们可以做的工作之一"。尽管弗莱德做了充分准备，具备了当教师必需的沟通能力与写作技能，但是他承认自己"不是非常喜欢教书"。不过，教书是"一份给自己的餐桌摆上食物的工作"，他认为自己还是教得不错的。

弗莱德在商业领域的第一份工作是在耆卫保险公司做保险代表；现在他是该公司的非执行董事。那时的他有没有想过自己有朝一日会谋得这样一个职位？"没有，从来没想过。"他说。弗莱德坦言自己一直是一个大梦想家，"但再怎么样也不会去想自己有一天会成为耆卫保险公司的董事"。

在耆卫保险公司干了10年后，1990年年初，他创办了自己的公司，担任独立经纪人，"那是我商业生命的开始"。我问弗莱德，作为一个企业家，经营自己的保险经纪公司感觉如何？考虑到很多小企业都失败了，他自己认为是哪些因素让他成功？弗莱德说，这是个只有一名员工的公司，他就在家里上班。"我对开支控制得非常严格。"他全天工作，行政事务在晚上完成。那些日子里他学到很多，他坚持在做的是，你必须努力工作，你必须相信你的产品，你必须对客户有求必应，并且善待客户。

1995年，随着布里姆斯顿投资公司的建立，弗莱德迈出了重要的一步。弗莱德和自己的会计师穆斯塔克·布雷（Mustaq Brey）一起创立了这家公司。有计划是一回事，但筹集资金实现计划是个挑战。弗莱德说，他们意识到，如果他们想跻身主流公司行列，他们需要资金。"于是我们去我们的社区，去见我们的朋友、我们的家人、我们的客户，向他们解释我们的梦想、我们的愿景和我们的计划。"他说，有些人相信这家公司，就买了股份，他们现在还是股东。"其他人则告诉我们，

'不，谢谢！你们永远干不成的。'"一些持怀疑态度的后来改变了腔调，在二轮募股时买了股票。"我们现在有3 000多个直接股东。"

在我们的整个谈话中，做生意要改变人们的生活、要发挥积极的社会影响力、要对社会的改良作贡献的理念比比皆是。布里姆斯顿投资公司的很多股东是弗莱德朋友圈内的人士，1998年，他们公司在约翰内斯堡证券交易所上市。上市是重要的一步，弗莱德认为对公司而言这是一个重要的里程碑。他们把布里姆斯顿投资公司的上市仪式放到开普敦的好望中心（Good Hope Centre）。好望中心就位于老的第六区水果和蔬菜市场。"我们认为这很不错，让大家看到我们正把人们从水果市场带到证券交易市场。有一千多人参加了这次活动，他们都看到了自己股票的价格是如何上涨的。"

弗莱德解释说，他们有与约翰内斯堡证券交易所的视频连线，于是人们"可以看到他们该怎样卖出股票或买入更多的股票"。在他看来，那本身就是一个教育过程。上市对于布里姆斯顿投资公司而言也是重要的，因为他们可以从一个更大的市场筹集更多的资金，从而做更大的交易。当弗莱德指出布里姆斯顿投资公司是"第一家创办于开普敦公寓街区，现在又在约翰内斯堡证券交易所上市的公司"时，上市所在地的赋权象征意义也就不言自明啦。

布里姆斯顿投资公司现有的市值超过30亿兰特，身为一家非常成功的公司，它拥有种类繁多的股权。当弗莱德谈起公司的成功给第一批股东的生活带来改变的时候，他的自豪之情溢于言表。他解释说，"一个人按当时每股1.25兰特的发行价购买5 000股，投资6 000兰特。这个人已经通过分红和现金派彩收回了他的初始投资，而投资者仍然持有的股票价值到现在大约升到12万兰特，"这包括了在生命医疗保健集团（Life Healthcare）① 的股权。布里姆斯顿投资公司的股东在过去8年里一直享受分红，现在还每年两次能从生命医疗保健集团获得分红。"不管什么时候分红，也不管这些分红是布里姆斯顿投资公司还是生命医疗保健集团的，我都接到社区里人们打来的很多电话，看到很多笑容，因此，我得说，这给人的感觉真爽。"

我觉得公司的显著特点是它很大程度上已成为社会资产，而这真切地体现了公司对社会的贡献程度。正如弗莱德所说，他们南非股民的基础非常广泛，从米切尔平原（Mitchells Plain）到穆西纳（Musina），从卡雅利沙（Khayelitsha）到夸祖

---

① 南非第二大民营医院运营商，也是南非最大的黑人所有的医院运营商，有6 500张床位，属布里姆斯顿投资公司资产。译者注。

鲁纳塔尔,遍布全国。在布里姆斯顿投资公司,他们相信这个国家的每个人都应该能够从股权中受益。同样的道德指南针,之前引导他决定成为一名教师,现在依旧引导着弗莱德,让他相信获取股权可以改善社会;也许这种对自己所在社区的忠诚感,正是布里姆斯顿投资公司成为不折不扣的社会资产的原因。

这也就不难理解,为什么弗莱德可以自豪地在他的社区里散步,特别是在分红的时候。

给企业家的建议

- 你必须有自信,"相信你能做到"。
- 你必须有愿景、有梦想。
- 你必须对自己的产品或服务有信心,并且"相信它会让你的客户受益"。
- 你必须尊重你的社会群体和你的客户。
- 不要指望马上就能赚到钱——你应该接受赚钱是一个漫长而艰辛的过程,而且成功从来都不是一蹴而就的。

◀ 第三十八章　库斯·贝克尔 ▶

传媒网络①的创始人，纳斯帕斯传媒集团总裁
访谈于 2012 年 10 月 14 日播出

　　库斯·贝克尔(Koos Bekker)在海德堡(Heidelberg)附近的玉米农场长大。他先在斯坦陵布什大学学习法律，而后在金山大学完成他的法学学士学业。1984年，在美国哥伦比亚大学获得MBA学位后，一回到南非就加入了传媒网络(M-Net)。1997年，库斯被任命为纳斯帕斯传媒集团(NASPERS)的总裁，任职至今。

---

① 非洲最有影响力的收费电视频道。译者注。

采访库斯的前几天，我正好采访了天达资产管理公司总裁亨德里克·杜托伊特。当我提到那个星期迟些时候我将要采访库斯的时候，他说在他看来库斯是南非最伟大的企业家，是南非唯一一位跻身全球最佳传媒技术业的企业家。照亨德里克的说法，如果库斯在媒体产业不是如此强大和成功的话，也许他会得到更多的好评；因为南非其他媒体集团都在嫉妒他的成功，而他自己所在的集团也不想给外界这样一种印象：认为他们在过分鼓吹库斯的成就。

在采访前，有人问我是否知道KSS①代表着什么。一开始库斯明确表示，他希望我们从已经准备好的拍摄场地换到一个比较随意的地方。场地的确换了，因为这是库斯说的！

我一开始先问关于他的法学学士学位的问题，还有他为什么毕业后这么快就决定不从事法律工作了。库斯解释说，他刚工作时在索韦托（Soweto）当过公共检察官。在处理家庭暴力案件时，他发现自己不喜欢法院的环境氛围。"我喜欢过幸福日子的人，喜欢会建造东西的人，于是做生意吸引了我——我也不知道为什么。"在他的家里从来没有人曾涉足商界，也没有人在与商业相关的领域学习过。"只有在真正开始接触之后，我才意识到我喜欢商业的节奏，喜欢解决与商业相关的问题。"

库斯决定去美国哥伦比亚大学攻读MBA课程时是在刚结婚不久。他说，促使他走出这重要一步的是因为MBA概念主要起源于美国，最好的商学院也在美国。事实证明，在美国顶尖的大学学习比他在南非学习的要求高得多。库斯回忆说，在第一学期的统计课上，他突然发现自己是班里成绩最差的学生。库斯说："我排在最后一名。当然，原因是班上50名学生个个天资聪颖，你必须拼尽全力才能勉强及格，因为所有这50人都在全力以赴。所以说，美国帮我打磨成才。"

如今当他回顾往昔，同时考虑到我们现在生活的世界，库斯还会鼓励年轻的南非人去美国攻读MBA吗？"一定会"，他肯定地说，"要了解自己的国家，你得到外面去呆上一阵子。对我来说，出国最大的好处是可以从不同的角度审视南非，可以说出自己的国家有何独特之处，这个国家缺少什么。"在库斯这个事例中，出国求学促成了传媒网络和付费电视的诞生——"你看到有些东西美国有而南非没有，于是问题来了，我们可以把那里的想法带到这里来应用吗？"因此，在他看来，在人生早期阶段领悟外界对自己国家的看法，然后，带着这些洞察力回国，这是"非常有用的"。

---

① KSS是英文Koos Says So的首字母缩写，意为"这是库斯说的"。译者注。

获得MBA学位回到南非后,1985年库斯决定调查将付费电视引入南非的可能性。在美国时,他已开始意识到"付费电视将是一种改变世界的新现象"。像纽约这样的城市最初有4个模拟电视频道,"接着电视频道波段就被占满了,不能再有更多的频道播出"。而有线电视的出现意味着"你可以另增50或100个频道,我们看电视选台开始分化成CNN或迪士尼,也即两个主题频道"。令库斯困扰的问题是,在一个尚无有线电视的国家是否可以和美国一样推广收费电视?他们创立传媒网络时,他说:"这是美国以外的第一家付费电视服务公司。"他们面临的最大挑战是:"怎么把美国有线电视的运作套用到南非呢?"

在那个阶段"我们当然需要钱"。新闻集团想涉足电视,但当时的政府有意保护南非广播公司(SABC),使其免受竞争。库斯说,付费电视的优点是你可以去向政府游说,"看,全国有6家媒体集团啦。电视在对我们施加压力。我们想在这领域投资""如果我们也搞电视服务,那我们将正面与南非广播公司交锋,与它们竞争广告等业务。但另一方面,如果我们搞付费电视,这将是一个更加间接的竞争形式。我们将播放广告,但广告不会是我们主要的收入来源;我们的主要收入来源是用户征订。就竞争而言,这样会少一些痛苦。"这番据理力争起作用了,库斯补充道。

但总统博塔(P.W. Botha)的政府不想有人去看传媒网络采集播放的新闻。库斯解释说:"如果我们想采播新闻,收视率完全没问题,但新闻播放的安排非常有意思。我们可以在下午5点之前或在晚上9点之后播新闻。这相当于给某人一个餐厅执照,然后,说你只能在人们不饿的时候提供膳食。"当然这个限制旨在保护南非广播公司免受竞争,"因为南非广播公司受国家的影响相当大,到如今还是如此"。

传媒网络起步维艰,没有多少人意识到它曾濒临破产。几年后,传媒网络处于绝望的境地,每月损失350万兰特,它的债务已约有3 700万兰特。问题来了,股东已经开始怀疑公司的商业模式;如果情况没有改善,资金供应会被终止。由于技术的突破,公司的运作模式一下子风生水起,传媒网络最终扭转乾坤。

库斯说,他们重点关注酒店和公寓楼,犯了一个计算错误。最初,解码器非常有限(当时还是靠手工制造),我们想当然认为一个解码器足以服务整幢楼。在酒店,这个方法管用,"我们赚了些钱",但"到了公寓楼我们一败涂地"。让他们失败的是一条规则——在单元式公寓楼里,任何新增费用须90%居民同意才能支付。因此,如果一幢公寓楼要装付费电视,此事必须在法人团体的会议上付诸表决。"我们从未得到90%居民的投票,这就意味着没有人可以装付费电视。既然答案是否定的,那你只能一无所获。"库斯说,命运发生转变的时候,他们正处在"破产的边缘"。第一批工厂量产的解码器上市后,他们可以把解码器装到各自家里或各自的房间里,于是"需求量彻底改变"。这就是传媒网络的突破。业务开始增长,"大约两年后我们做到了收支平衡"。

如今传媒网络的数字卫星电视(DStv)是世界上最成功的付费电视业务之一,在48个国家拥有超过500万用户。我想从这位扭转传媒网络局势的创始企业家身上知道,在他看来是什么使得数字卫星电视如此成功。库斯认为,他们成功的关键是他们知道人们想要什么。"换句话说,你不能坐在那里,光想着你想看什么。人是很有趣的,你提供一些你认为他们会喜欢的东西,但可能根本没人看。"从一开始,数字卫星电视的做法就是去分析人们喜欢什么,哪些是有用的,然后给他们,把其他的丢掉。他们创立传媒网络的时候,曾派人去好莱坞看电影,然后对电影做评估。"后来我们意识到这完全是在浪费时间。我们还不如这样做:考虑到南非人的审美品味多少有点像美国人,那就让我们在观众实际反应的基础上建立一个数学模型。如果某部电影在美国开播的第一年盈利不错,我们将它分类到'A'档,我们每个用户观看要付费,比如说30美分。如果某部电影盈利少,我们付5美分,以此类推。"这样一来,他们购买电影无须派人去观看,也不用凭主观臆断啦。

1997年,库斯负责付费电视业务。因为家人住在荷兰,他也就在那里遥控管理。托恩·沃斯鲁(Ton Vosloo)(现在是纳斯帕斯董事会主席,当时他是传媒网络的董事会主席兼纳斯帕斯的总裁)找到库斯,让他当纳斯帕斯总裁,因为托恩想要退休了。纳斯帕斯是6家投资传媒网络的媒体集团之一。库斯说:"托恩作为纳斯帕斯新闻集团主席,对我们的发展起到了非常积极的作用。"托恩问库斯是否想接替他去领导纳斯帕斯,库斯回答说他是一个企业家,对领薪水的工作并不感兴趣。"于是我们达成了一个相当独特的协议。我说'好吧,我接受这份工作。我不想要工资、奖金、专车、医疗保险诸如此类的东西;我不要一揽子应得的福利,而且你只需提前24小时告知,就可以解雇我,但我希望得到3%的长期价值,而且这个价值要扣除通胀因素。于是,我们以某一天的市值为基数,并定了个任务值。我们按5年期限测算。我们说如果你的业绩只有这么多,或者这个业绩还是包含通胀因素的,那你什么都拿不到;但是,只要你超额完成了任务,你可以得到你任何业绩的3%。协议的结构大概如此。"如今,库斯仍然恪守协议,没有薪水、福利、医保或退休金,只要提前24小时通知即可被不问缘由解雇——要知道他照此做了超过15年的总裁。但这笔交易对每个人都很有效,特别是对股东和库斯。库斯在1997年

成为纳斯帕斯的总裁时，集团的市值略高于50亿兰特。今天，纳斯帕斯市值超过
2 200亿兰特，其中，股东的增值部分远远不止2 100亿兰特。突然你会发现能拿
2 100亿兰特的3%看上去是一笔极其划算的交易。我问库斯有没有想到这个集
团会变得如此成功。他回答说："这些东西无法预测，不是吗？你最该做的就是每
天工作，处理手头的事情，你并不确切知道结果会怎样。我必须说我真的乐在其
中。我太喜欢媒体了，也喜欢这种打包协议的方式……有个不可思议的说法：有
把手枪顶着你的头，你就能全神贯注。当你明白你得到的将是你创造的扣除通胀
因素的净值，那么你每天早上都会告诉自己：我们该如何增加既有价值？我们能
做些什么呢？"

　　我问库斯，回顾他的成长轨迹，有什么精彩的事情或者里程碑式的事件让他
脱颖而出，促其成功？库斯的回答有点出乎我的预料。"精彩事件就是你经常制造
的混乱，"他说，"因为很多情况下，教训来自失误。"他举了在中国的第一笔8 800
万兰特投资为例。"18个月后，我们的钱全赔光啦，我们不得不解雇150名员工，关
闭了那家公司。这事搞得一塌糊涂。绝对是败笔！接着，整个团队坐下来反思。
他们对我说，你不能再捅更大的娄子啦。我们哪里做错了呢？我们分析这次失败
时发现一个原因，我们请来西方人担任经理，但其实中国人比他们更好，却没有参
与管理。我们仔细分析了所有环节，从中吸取教训，于是我们随后在中国投资的
腾讯等项目相继获得成功。"他用了一句话来总结："很多时候你眼中的成功其实
是个里面长虫的苹果。只要放它三年，苹果就烂啦。很多时候当你犯错误时，它
已经暗含了下一个问题的解决方案。"

　　我把谈话引向2007年。那时，库斯已经在纳斯帕斯当了10年的总裁，他决定
休息一年。在这一年里，他访问了22个国家，并在一些国家发表演讲；他的活动
包括蒙古之旅，参访美国宾夕法尼亚州的阿米什社区①（Amish community），并参
加了哈佛大学的总裁班课程。休假一年，环游世界，作出这个决定有什么背景？
库斯解释说，"也许是因为我成为企业的掌门人太早啦"。那时候，他已经掌舵上
市公司20年，这个职位必须承担各种责任和压力。"所以我说，在我死之前，我只
想到处逛上一年，做些自己感兴趣的事情。阿米什人让他感兴趣是因为他们反对
使用科技。库斯的团队"把全球化和技术引向全世界"，改变着人们的生活，比如
遥远的刚果加丹加（Katanga）矿区的矿工看上了电视。阿米什人是另一类人，他

① 阿米什人是德裔瑞士移民后裔，居住在美国一些州和加拿大安大略省，以拒绝使用汽车、电
　力等现代技术，回归传统的简朴生活而闻名。译者注。

们"坚守传统,说科技一点也不好"。所以我觉得我必须去看看他们是怎样生活的,能从他们身上学到什么。蒙古吸引他,因为"也许它是世界上最与世隔绝的国家,那里住着成吉思汗的后裔。所以我很想看看他们现在生活得怎样"。

我看库斯谈起这个话题神采飞扬,我不由得问他是否也会向其他总裁建议离职一段时间。就像前面问他去美国读MBA有没有必要一样,他的回答是简明扼要的"绝对会",而且再次提及这对改变他们的洞察力有帮助。在他看来,长期在企业界身居高位的风险是你会太把自己当回事。"人们易于认同你的权威,最后你会认为自己是很特别的人,有着非凡的洞察力,但依我的经验,大多数商界人士都非常普通。"库斯认为,"走出角色的一段时间,走到超市里,没有头衔,也没有工作,会很有好处"。他认为,最大的错误实际上通常是这样的:人们"沉迷于一系列的事实,他们无法从组织体系外面的视角看事情;于是你就会犯战略性的错误,带着整个公司往一个错误的方向发展。在你职业生涯的某个阶段稍微后退一点,这样做的一个优点是你不仅仅可以获得对世界、对自己企业的新看法,有时候还可以在你回归的时候说,我们一直在这个方向上努力了5年,却劳而无功,我认为我们应该调头朝那个方向发展。所以,我相信离开一段时间是件好事。"

我特别希望回到纳斯帕斯的话题上。在公司的一份年度报告中,他认为集团里的年轻工程师是冲锋陷阵的将军。他这样说有什么深意呢?"所有真正重大的互联网突破是工程技术的突破。"库斯解释说,"如果你们留意一下苹果的史蒂夫·乔布斯(Steve Jobs)、脸书的马克·扎克伯格(Mark Zuckerberg),乃至星佳公司(Zynga)开发游戏的那批人,他们都是工程师。社会科学家和文科生都是后续加入,他们起了点作用,对公司扩张有点贡献,但真正艰巨的突破源于这个由工程师营造的环境"。不过,他补充说,南非的问题是我们培养的工程师不够多,工程师也没有得到充分的尊重。

库斯认为,只有两类人会创造就业机会:工程师和企业家。谈到一个优秀企业家的特征,他直言不讳:"典型的企业家很难做。他不是爱好社交的橄榄球队队长,有一大堆朋友。他是一个孤独的人。"纳斯帕斯面临的挑战是他们必须去搜寻"那颗小小的钻石","然后你经常会犯错误,你又必须让他走上正轨,但让他保持在正轨上不是一件容易的事情,因为他太固执己见了"。库斯认为他自己就是这样,"但这适用于任何优秀的企业家。你满脑子都是自己的意见,于是你不想听别人的意见,固执己见。所以我们要试着找到平衡,让我们在自己的组织体系内接纳这个家伙,至少让他少制造些彻底的混乱,但同时要给他足够的空间,让他实现自我价值,也让他感到这其实是自己的企业"。

　　科技传媒是一个快速发展的世界。如何在这样一个不断变化的环境中做决策、规划工作呢？库斯声称他不知道。"有趣的是，我们也已经接受了不知道这个事实。"在过渡到"这个变幻莫测的世界"之前，媒体公司通常会制定一些5年计划。"但你根本不知道5年里世界会是什么样，在这样的新环境中你要做什么？"

　　他们试图构造一个模型，库斯将其描述如下："告诉某人：好吧，你给不了我企业的5年计划，因为你不知道世界将来会是什么样子；我也不知道，因为5年前推特（Twitter）和品趣志（Pinterest）之类的东西还不存在。做预测是没有用的。让我们来看看你是否可以提供有用的服务。"所以作为一个企业家，想说服我们给你投资，你只要让我们看到你是有用的即可，即使你没有赚到钱也没关系。上网去做一些真正能帮助别人的事情，一年后你回来说你每天帮助2 000万人。他们不用付我一分钱，但是他们来找我，我以如下方式帮助他们。然后，我们说："好吧，我们会给你追加1 000万美元，再雇10个工程师，看看你能不能把它弄得更有实用价值。"第二年他回来，说他现在为5 000万人服务，真的非常、非常有实用价值。然后，我们说："好吧，改变一下业务规则，看看人们是否愿意付费。"一旦人们开始付费，一桩好生意就开始啦。换句话说，你要努力以这样一种方式去构建你的组织体系，让它在一个不可能预测的未来世界里能起作用。

　　库斯承认他已经变了。"10年前我会告诉你，我的工作是猜测10年后的世界会是什么样子。我现在接受现实，我无法知道。我们在想办法设计一个系统，它可以在这种不确定中给你指引方向。"

　　库斯对媒体科技的激情溢于言表。是什么让他如此痴迷这个领域呢？他认为，做媒体是"世界上最棒的工作"，至少以他的性格是这么觉得的。他说："从业多年，即便有不可思议的事情发生，我也能平静接受，我不会过于兴奋，我告诉自己这样的事情我们见得多啦。它实际上没有看起来那样完美。当我们遭遇困境、四面楚歌的时候，我会说，好吧，这样的事情我以前也经历过。我知道怎样扭转局势。"

　　回顾他的职业生涯，就享受工作而言，有两件事情对他特别重要。第一是他一直与"杰出人士"一起工作。"我们有出类拔萃的人才：工程师、金融人员、营销人员、出色的董事。在一个都是你喜欢的人的环境中工作是一件乐事。"第二是工作的复杂性。"公司里同时有一大堆事务要你处理，在千头万绪的工作中我获得了极大的乐趣。于是我认为如果我更聪明点，我能够做得更好；也许这个工作对我来说实在太复杂了点。晚上回到家，我觉得我真的已经殚精竭虑啦，于是我想如果我的脑子更好使一点，我就能做得更好，但我已尽全力了。"

　　我由衷地赞同亨德里克的评语。库斯是一个了不起的企业家,他的职业生涯似乎是一个明确的、令人信服的例证:真正的发展归根到底只能靠企业家和工程师。

库斯会给20岁的小库斯什么样的建议呢?

- 他说,最基本的,"第一点建议就是不听信任何人。我认识的企业家都极有主见。坚信有些事情你可以做得比这个世界上任何其他人要好,这是非常重要的。"
- 找出你真正喜欢什么。正如作家萨默塞特·毛姆(Somerset Maugham)所说:"找到你真正热爱的事情,然后找人给你付工资干活。"
- 别人会给你"常规建议,但是最好的赚钱方法往往是要反其道而行之,在商业领域尤其是这样。做别人不想做的事。如果没有人愿意驾驶拉粪车,那么你就去,这种反其道而行之的态度在生意场上收效甚佳。
- 分析重大社会运动和发展趋势,估计世界要往什么方向发展,这是十分必需的。发展浪潮暗流涌动的地方更容易取得成功。

◀ 成功的七大黄金法则 ▶

本书38个故事所凸显的就是世上没有神奇的秘诀,能保证做生意成功,也没有捷径或者速效药。不过,在不断提及的共同特征和方法中,有一条黄金线路。从这条黄金线路中,我提炼出7个要点,我觉得可以把它们概括为成功的黄金法则。

1. 激情

这些明星企业家对工作都充满激情。他们热爱工作,并以此为乐。如果你对某个岗位或者某个行业没有兴奋感,就不见得会成功,更别说在事业中获得快乐啦。与其效仿他人,还不如多花点时间去寻找培养自己的激情。

2. 知识、时间和努力工作

很多商业领袖和企业家都直接或间接地提到"10 000小时法则",这是马尔科姆·格拉德威尔在《异类:成功的故事》一书中谈到的。根据格拉德威尔所说,在任何领域获得成功的关键,在很大程度上就是在你成为专家前要花10 000小时练习一项特定的任务或技能。你只需要"投入时间",通过获得更多的知识和经验,更加努力地工作,就可以把自己和别人区分开来。任何东西都无法取代由努力工作和充分准备获得的技术知识。

3. 愿景

你需要对自己和你的企业制定长期愿景。愿景是一个梦想,它会激励你,给你坚持下去的力量。应让愿景成为引导企业发展方向的指南;所有的决策和交易都应围绕这份愿景开展,为实现愿景作贡献。仔细观察那些往往是靠运气的成功,你会发现机会就在对未来的憧憬之中。把握这个重点,人们能够发现机会的价值并利用它。

4. 委派正确的团队

这些商界领袖和企业家没有一个不是靠团队合作实现其目标的。因此，为你的团队遴选正确的人至关重要。在有创造力和建设性的组织文化中，你要给他们权力。任命专业型的行家里手来弥补自身的缺陷，让他们对公司作出积极贡献。

5. 原则、自己的看法和自信

每个商人必须有一套价值观或道德准则来指导自己的行为和做生意的方式。除了诚信和恪守原则，你应该有表达自身观点、选择自己立场的自信，为自己着想，相信你能成功。别人不同意你，其实并不意味着你是错的。在许多情况下，特别是涉及创新的时候很可能说明你是对的！这些原则将最终决定你的客户、你的生意伙伴、你的员工对你的看法，决定他们是否会在你走向成功的路上支持你。

6. 财务监察

任何时候你都必须知道企业内部确切的财务状况，具体来说就是现金流情况如何，对公司产生不利影响的风险是什么。无论是大公司、成长型企业还是初建的小企业，都要确保监控和报告是最新的，是有凭据的。当然，你需要采取必要的程序进行监控，否则你意识不到危险信号。

7. 对待变化和机遇的积极态度

最基本的是你应该把每一个变化看作一个可能的机会。无论在企业内部、在全社会和全球舞台上，你都要紧跟潮流趋势，着眼于在这个不确定的、不断变化的环境里识别机会。

我对这群商业领袖和企业家的总体印象是他们比一般的南非人更乐观，不仅对自己的企业，而且对未来。1994年新南非成立后，有多少企业取得成功，真正获得发展，令人关注。我的一些嘉宾坦言，他们的成功有一部分可以直接归功于政治和经济的变化。也许，作为一个群体他们显得更积极，因为他们习惯把眼光放远，而且他们更懂得南非面临的挑战和存在的问题并不是独一无二的；也可能因为他们倾向于自己做主应对各种情况，经验告诉他们：如果你准备好了去寻找解决方案，并贯彻实施，那么挫折和障碍无法阻碍你前进。

◂ 致　谢 ▸

有计划是一回事，但挑战在于实现计划。

《成功职场》这个节目始于一个想法。能将这个想法变成电视节目，我要感谢我的同事沃伦·英格拉姆（Warren Ingram），我的朋友安德烈·杜普莱西斯（Andre du Plessis）（他就是节目开头在约翰内斯堡证券交易所大楼前面和我握手的那个人）和皮特·赫特（Pieter Hurter），还有我的校友路易斯·埃克斯庭（Louis Eksteen）。我还要感谢我的兄弟马斯（Maas），他不仅给了我宝贵的意见，还把我介绍给格温·伯泽伊登霍特（Gwen Bezuidenhout）。格温非常热情，安排我与凯伦·迈琳见面。从一开始，凯伦·迈琳（kykNET 频道负责人）和玛丽妲·斯瓦内普尔（节目监制，她给节目起了"'成功职场'遇见特奥·福斯特"这个名字）就全力支持这个节目。

就本书的写作而言，我要感谢编辑林德·迪特里希（Londe Dietrich）所起的作用。我绝不会自己冒充作家，是林德最终使这本书读起来朗朗上口。在出版过程中，我也充分明白了出版商的作用。就出版而言，我很高兴英格堡·佩尔泽（Ingeborg Pelser）和乔纳森·博尔（Jonathan Ball）这两个出版商选中我。

我要对我的家人，对他们的投入和不懈的支持致以最深切的感激之情。特别是要感谢我的父母（他们每次节目播出后都联系我，告诉我他们最实在的看法）以及我的妻子和女儿，她们录下每一期节目以便与我讨论。编制电视节目和写书都占用很多家庭时间，无论是晚上、周末还是 12 月的假期我都是在电脑前度过的。要是没有妻子安尼克（Anneke）和女儿米娅（Mia）的支持、鼓励和信任，系列电视节目的播出和图书的出版都不可能完成！

感谢每位不辞辛劳给我评论的人，非常感谢你们！所有的反馈意见我都拜读了，我将铭记在心！

◀ 译 后 记 ▶

　　本书根据kykNet收视率极高的商界成功人物访谈节目的内容整理而成。作者收集整理了38位南非商界大佬的访谈，介绍了他们丰富多彩的商界打拼经历，包括经商过程中的挫折、困惑，攻坚克难的战略、举措，并请每位受访人士总结了成功经验，对未来的企业家提出建议。

　　这些受访者来自不同的行业，功成名就，很多是跨国公司的老总，有些在中国有很多投资项目。他们的成就和经验无论是对学者治学，还是对商界人士走进非洲，尤其是到南非经商兴业具有积极的参考价值。

　　该书内容涉及众多行业，信息量大，富有时代气息，是了解南非近几十年企业界发展的鲜活百科全书。

　　本书的翻译是浙江师范大学一批从事涉非教研师生的劳动成果。除主要翻译人员外，浙江师范大学中非国际商学院第13级国际经济与贸易英文班的姚其庆、张勇、陈辰、黄家欢、姜敏雁、吕辛陶、罗琳、马佳敏、徐巧琦、黄少非、唐文泽、夏泽宇、虞狄龙、赵鑫齐、郑胜炯、包玉琪等同学参与了部分翻译工作，并协助核查专有名词。

　　南非乔纳森·鲍尔出版社的埃斯特尔·莱温拉德（Ester Levinrad）积极处理版权转让事宜并联系作者写中文版序言。来访我校的比利时作家莉乌·卓丽丝（Lieve Joris）对一些阿非利加语单词做了解释。上海社会科学出版社的领导，尤其是副编审路征远博士对本书的出版进行悉心指导。浙江师范大学经管学院和中非国际商学院给图书出版提供了资助。对各方的支持，在此谨表谢忱！

何曙荣

2016年10月18日

图书在版编目(CIP)数据

南非商界大佬们的生意经 / (南非)福斯特
(Vorster, T.)著;何曙荣,王华璐,张瑾等译. —上海:
上海社会科学院出版社,2016
ISBN 978-7-5520-1234-7

Ⅰ.①南… Ⅱ.①福… ②何… ③王… ④张… Ⅲ.
①企业家—生平事迹—南非(阿扎尼亚)—现代 Ⅳ.
①K834.785.38

中国版本图书馆 CIP 数据核字(2016)第 059025 号

上海市版权局著作权合同登记号:图字 09-2016-554

南非商界大佬们的生意经

著　者:特奥·福斯特(Theo Vorster)
译　者:何曙荣　王华璐　张瑾　等
责任编辑:路征远
封面设计:梁业礼
出版发行:上海社会科学院出版社
　　　　　上海顺昌路622号　邮编200025
　　　　　电话总机021-63315900　销售热线021-53063735
　　　　　http://www.sassp.org.cn　E-mail: sassp@sass.org.cn
排　版:南京展望文化发展有限公司
印　刷:上海信老印刷厂
开　本:720×1020毫米　1/16开
印　张:12
插　页:2
字　数:200千字
版　次:2016年11月第1版　2016年11月第1次印刷

ISBN 978-7-5520-1234-7/K·311　　　定价:49.80元